Liska Sehnert, Sylvia Waltking

Leibhaftige Sinn-Suche in der professionellen Sozialen Arbeit

BODY-FEELING UND BODY-BILDUNG

Herausgegeben von Cornelia Muth und Annette Nauerth

ISSN 1867-6243

1   *Sigrid Schrage*
     Menschenbild und Leiblichkeit
     Eine philosophisch-anthropologische Studie nach der Phänomenologie Merleau-Pontys
     ISBN 978-3-89821-932-7

2   *Thomas Muschal*
     Existenzialismus und Medien
     Überlegungen zum Filmerlebnis im Anschluss an Jean-Paul Sartre
     ISBN 978-3-8382-0038-5

3   *Christine Weßling*
     Kompetenzorientierte Prüfung in der Ergotherapie
     Konzipierung einer Examensprüfung im Rahmen der empfehlenden
     Ausbildungsrichtlinie NRW
     ISBN 978-3-8382-0205-1

4   *Cornelia Muth*
     Phänomenologische Praxisentwicklungsforschung
     Band 1
     ISBN 978-3-8382-0260-0

5   *Susanna Matt-Windel*
     Ungewisses, Unsicheres und Unbestimmtes:
     Eine phänomenologische Studie zum Pädagogischen in Hinsicht auf
     LehrerInnenbildung
     ISBN 978-3-8382-0624-0

6   *Liska Sehnert, Sylvia Waltking*
     Leibhaftige Sinn-Suche in der professionellen Sozialen Arbeit
     ISBN 978-3-8382-1167-1

Liska Sehnert, Sylvia Waltking

LEIBHAFTIGE SINN-SUCHE IN DER PROFESSIONELLEN SOZIALEN ARBEIT

ibidem-Verlag
Stuttgart

Bibliografische Information der Deutschen Nationalbibliothek
Die Deutsche Nationalbibliothek verzeichnet diese Publikation in der Deutschen Nationalbibliografie; detaillierte bibliografische Daten sind im Internet über http://dnb.d-nb.de abrufbar.

Bibliographic information published by the Deutsche Nationalbibliothek
Die Deutsche Nationalbibliothek lists this publication in the Deutsche Nationalbibliografie; detailed bibliographic data are available in the Internet at http://dnb.d-nb.de.

Coverabbildungen:
Figur: © Hofschlaeger / PIXELIO

∞

Gedruckt auf alterungsbeständigem, säurefreien Papier
Printed on acid-free paper

ISSN: 1867-6243

ISBN: 978-3-8382-1167-1

© *ibidem*-Verlag
Stuttgart 2018

Alle Rechte vorbehalten

Printed in the EU

Vorwort

Was Logotherapie und Existenzanalyse nach Frankl mit Responsivität verbinden und welche Bedeutung dies für unsere Reihe trägt, möchte ich gleich am Anfang beantworten:

Die Reihe Body-Feeling und Body-BILDUNG beschäftigt sich mit dem leiblichen Sein und der Sinnsuche des Menschen: Frau Waltking setzt sich mit letzterem auseinander und Frau Sehnert mit dem ersten.

Die Theorien, auf die sich beide Autorinnen beziehen, sind zudem wissenschaftstheoretisch der Phänomenologie zuzuordnen. Mit BILDUNG haben die mentalen Darlegungen außerdem zu tun. Frau Sehnert zeigt das selbstreflexive Moment und damit ihre persönliche Entwicklung in ihrer experimentellen Anwendung der *performative research*. Frau Waltking veranschaulicht die empirische Auseinandersetzung mit der Welt der Trauer.

Beide Absolventinnen der Fachhochschule Bielefeld waren herausragende Studentinnen am Fachbereich für Soziale Arbeit. Beiden wünsche ich mit der Herausgabe dieses Buches eine erfolgreiche Vernetzung mit der Berufswelt!

Für die Herausgeberinnen
Cornelia Muth

Inhalt

Liska Sehnert

Konzeptionen von Responsivität bei Waldenfels, Mersch und Seel.
Eine phänomenologische Annäherung

1   Einleitung... 11

2   Phänomenologisch-performativ methodologisches Vorgehen..... 17

2.1   Phänomenologie 17

2.1.1   Entwicklung 19

2.1.2   Definition.. 22

2.1.3   Transzendentale Epoché und Reduktionen..................... 26

2.1.4   Deskription.. 34

2.2   Performativität 36

2.2.1   Entwicklung 37

2.2.2   Definition.. 40

2.2.3   performative research... 43

2.2.4   Werktagebuch/Erinnerungsprotokoll.............................. 44

2.3   Zusammenführung 47

3   Waldenfels' Phänomenologie des Fremden........................... 49

3.1   Entwicklung 51

3.2   Ordnungen 53

3.3   Das Fremde... 55

3.4   Antworten als Responsivität und responsive Differenz 60

4   Konzeptionen von Responsivität 65

4.1   Bernhard Waldenfels: Antwortregister............................. 66

4.2   Dieter Mersch: Ereignis und Aura 70

4.3   Martin Seel: Ästhetik des Erscheinens 74

4.4   Konzeptionen von Responsivität bei Waldenfels, Mersch und Seel 78

5   Fazit und Ausblick 81

6   Literaturverzeichnis.. 83

7   Abbildungsverzeichnis.. 88

8   Anhang... 89

Sylvia Waltking

„Wer ein Warum zu leben hat, erträgt fast jedes Wie."

Möglichkeiten und Grenzen der Logotherapie und Existenzanalyse nach Viktor Emil Frankl in der professionellen Trauerbegleitung

1   Einleitung... 93

2   Trauer.. 95

2.1   Definition Trauer.. 95

2.2   Professionelle Trauerbegleitung... 98

2.2.1 Entwicklung und Aufgaben 101

2.2.2 Trauermodelle 102

2.2.3 Aktuelle Forschung.. 104

2.2.4 Wirksamkeit von Trauerbegleitung 105

3   Logotherapie 107

3.1   Viktor Emil Frankl 107

3.2   Grundkonzepte der Logotherapie.. 110

4   Logotherapie in der Trauer 115

4.1   Uwe Böschemeyer: Arbeit mit Trauernden 115

4.2   Otto Zsok: Logotherapeutische Trauerarbeit.......................... 117

4.3   Heidi Schönfeld: Florian, Fritz und Jürgen/ Elisabeth Lukas:
        Zum Thema: Trauerbewältigung 120

4.4   Auswertung 122

5   Empirische Untersuchung 125

5.1   Methoden 125

5.1.1 Leitfadengestütztes Experteninterview..................................... 125

5.1.2 Aufbereitung und Auswertung 127

5.1.3 Gütekriterien 130

5.1.4 Memos... 131

5.1.5 Expertenbeschreibung.. 132

5.1.6 Interview 133

5.2   Auswertung 133

5.2.1 Zusammenfassende Inhaltsanalyse 138

5.2.2 Ergebnisdiskussion... 150

5.2.3 Reflexion der Gütekriterien... 151

5.2.4   Reflexion der Methodenwahl 152

6   Fazit... 155

7   Literaturverzeichnis.. 159

8   Abbildungsverzeichnis... 163

9   Anhang.. 165

Liska Sehnert

Konzeptionen von Responsivität bei Waldenfels, Mersch und Seel. Eine phänomenologische Annäherung

Abbildung 1: Andrei Tarkowski – Stalker (1979): Raum der Wünsche
http://offscreen.com/images/stalker_wishingroom.jpg [abgerufen am 2.7.2017]

1 Einleitung

Einleiten möchte ich[1] meine Studie mit einer formalästhetischen Beschreibung des Bildes aus einer Szene des Films Stalker aus dem Jahr 1979 von
Andrei Tarkowski. Es sitzen drei Personen, nah aneinander, mittig im Bild,

---

[1] Ich verwende in dieser Studie die Ich-Form, da ich phänomenologisch arbeite. Die Begründung zur Wahl der Methode folgt im nächsten Kapitel. Meiner wissenschaftlichen Untersuchung liegt eine Forschungshaltung zugrunde, die sich von dem sogenannten Ob-
jektivitätskonstrukt löst, d.h. sich von der Vorstellung befreit, es sei ein vom Objekt „unab-
hängiger Intellekt [, der] forschend, denkt und lernt" (Matt Windel 2010, 68) am Werk. Um
es mit den Worten Helmut Danners auszudrücken: „Leiblich-sinnlich-geschichtlich *bin*
[Herv.i.O.] ich *zur Welt* [Herv.i.O.]; und nur als solcher kann ich erkennen; nur in diesem
Sinne kann von Bewusstsein' gesprochen werden" (Danner 2006, 154). Diese Erkenntnis
wird in dieser Studie nicht ausgeklammert. Zur weiteren Begründung der Verwendung der
Erste-Person-Perspektive s. Kapitel 2.1.2.

auf dem Boden eines kargen, heruntergekommenen Raumes, in dem sich keine Einrichtung befindet und der Putz von den Wänden gefallen ist. Die Personen sind nur umrissartig zu erkennen und scheinen sich der betrachtenden Person zuzuwenden. Es ist sehr dunkel und zwischen der das Bild betrachtenden Person und denen, die auf dem Boden sitzen, ist eine Distanz von vielleicht 5 Metern. Die Fläche ist mit Wasser bedeckt. Das Bild ist entstanden aus der Kameraeinstellung einer Totale und Perspektive, die schwierig zwischen einer Normal- und Aufsicht differenzierbar ist. Die Lichtquelle befindet sich hinter der Personengruppe, sodass Licht von oben auf die Personen scheint und sich stellenweise im Wasser reflektiert. Das Licht ist örtlich als der betrachtenden Person gegenüberstehend zu lokalisieren, jedoch ist die Lichtquelle nicht einsehbar, da sie sich oberhalb des Szenarios befindet. Bis hier hin soll meine Ausführung zu dem Bild zunächst genügen. Das folgende Zitat des Phänomenologen Bernhard Waldenfels mag verdeutlichen, weswegen ich befugt bin, meine Studie mit der Beschreibung eines Bildes zu beginnen:

> „Das, wovon unser Reden und Sagen ausgeht, läßt sich nicht aussagen als etwas, das vorliegt, es kann sich nur zeigen in unserem Sagen und Tun; es ist angewiesen auf eine indirekte Rede- und Mitteilungsweise, die dem Schweigen verbunden bleibt" (Waldenfels 2016a, 121-122).

Damit bin ich bei dem Gegenstand der hier vorliegenden Studie angelangt. Ich beschäftige mich im weiteren Sinne mit der Theorie der Responsivität[2], die Waldenfels im Rahmen seiner Phänomenologie des Fremden entwickelte. Responsives Verhalten, so viel mag schon deutlich geworden sein, lässt sich nicht direkt fassen, weswegen im engeren Sinne *Konzeptionen* von

---

[2] In dieser Studie thematisiere ich nicht Responsivität als Antwortverhalten von Bezugspersonen im pädagogischen Kontext, d.h. z.B. Gutknechts Konzept der *professionellen Responsivität* oder Ainsworths und Remspergers Konzept der *sensitiven Responsivität* aus der Bindungsforschung. S. hierfür z.B. vielmehr: Remsperger, Regina (2011): Sensitive Responsivität. Zur Qualität pädagogischen Handelns im Kindergarten. Wiesbaden: VS. Ebenso wenig gehe ich auf Responsivität in politischen Prozessen ein. S. hierfür z.B. Helmut Wiesenthals Ausführungen: Wiesenthal, Helmut (2004): Responsivität im Politikprozess. Zur Reagibilität der Politik auf Prioritätsänderungen in der Gesellschaft. In: Prognos AG (Hg.): Energieprognose angesichts globaler Unsicherheit. Diskussion zentraler Determinanten der sozialen und technologischen Entwicklung. Basel: Prognos AG, 57-70. Online einsehbar unter: http://www.afs-ev.de/div-pap/responsivitaet.pdf [eingesehen am 13.05.2017].

Responsivität Gegenstand meiner Studie sind. Hierbei liegen die Konzeptionen von Responsivität der Philosophen Waldenfels', Merschs und Seels zugrunde.

Der Untersuchungsgegenstand der Responsivität ist eng verknüpft mit dem sogenannten fremden Anspruch auf den diese bzw. die *response* eingeht bzw. antwortet. Der Erfahrung des Fremden können wir responsiv antwortend und offen begegnen oder sie als Feindschaft betrachten oder aber, wir „ersticken" sie, in dem wir uns das Fremde aneignen (vgl. Thielicke 2016, 87). „Wird alles Fremde eingemeindet und angeeignet, so verschwindet auf die Dauer alles im Nebel der Gleichgültigkeit" (Waldenfels 2013, 199), führt Waldenfels in diesem Zusammenhang nicht wenig kritisch auf die Moderne anspielend an (vgl. ebd.). Das Fremde umdenken als Herausforderung und die Beunruhigung zuzulassen, fordert daher die Theaterpädagogin Thielicke (vgl. Thielicke 2016, 88).

Damit bin ich bei der Fachrelevanz dieser Thematik für die Soziale Arbeit angelangt. Obwohl das Fremde hier als abstrakte Kategorie zu verstehen ist, liegt es auf der Hand die, durch die im Jahr 2015 begonnene europäische Flüchtlingskrise, neu entstandenen Berufsfelder der Sozialen Arbeit zu thematisieren. Hier wird eine Begegnung mit fremden Kulturen konkret, sodass die Untersuchung der Kategorie „Fremdheit" und der Umgang mit dieser auf verhaltenstheoretischer Ebene eine aktuelle Thematik in der Sozialen Arbeit darstellt. Doch auch in anderen Berufsfeldern dieser Disziplin sind permanent „fremde Ansprüche" und Momente des Ungewohnten, Regelunterbrechenden und Grenzüberschreitenden feststellbar. Wenn ich Antje Kaputs Kurzzusammenfassung hinzunehme, dass responsiv das ist, was jenseits von Sinn und Regel ist, d.h. über Regeln hinausgeht, konstatiere ich die Fachrelevanz dieser Thematik für die Soziale Arbeit im Allgemeinen (vgl. Kapust 2007, 26).

Das Konzept der Responsivität wurde inzwischen interdisziplinär fruchtbar gemacht. Beispielsweise überträgt der Theaterwissenschaftler Jens Roselt Responsivität als Rezeptionsweise für das Theater in die Darstellenden Künste. Andrea Sabisch verlagert Waldenfels' Phänomenologie in die Bildende Kunst, in dem sie davon ausgehend eine Aufzeichnungspraxis zur Thematisierung ästhetischer Erfahrung generiert. In die Bildungstheorie flechten die beiden Pädagogen Hans-Christoph Koller und Rainer Kokemohr das Konzept zur Erklärung transformatorischer Bildungsprozesse durch Fremderfahrung ein.[3]

Die zentrale Fragestellung dieser Studie lautet, *wie* Responsivität von Waldenfels, Mersch und Seel konzipiert wird, wobei nur die ersten beiden Denker sich explizit auf Responsivität beziehen. Martin Seels Ausführungen zur Begriffsdifferenzierung zwischen „Erscheinen" und „Erscheinung" ergänze ich, um den Prozess, in dem sich Responsivität ereignet, genauer beleuchten zu können. Denn in responsiven Momenten geht es stets auch um ein "In-Erscheinung-Treten" (Roselt 2008, 193).

Die Beantwortung dieser Fragestellung möchte ich im Sinne der Gegenstandsangemessenheit methodisch durch Strategien bewerkstelligen, die sich dem *wie* des Vollzugs (Performativität) und dem *wie* der Erscheinung (Phänomenologie) widmen. Eine Darstellung der Methoden[4], die ich für meine Zwecke in der vorliegenden Studie kombiniere, lasse ich an dieser Stelle aus, da sie einen umfangreichen Teil der Studie einnimmt (s. Kapitel 2). An dieser Stelle sei nur schon erwähnt, dass ich mich der Husserl'schen *Epoché* und Andrea Thielickes Konzept *Antworten auf Aufführungen* bediene.

Diesem ersten Kapitel, der Einleitung in die Studie, schließe ich meine Ausführung des phänomenologisch-performativ methodologischen Vorgehens an (Kap. 2). Diese ist unterteilt in einen ersten Teil zur Phänomenologie (Kap. 2.1), der die Entwicklung dieser beschreibt (Kap. 2.1.1) und versucht eine Definition zu geben (Kap. 2.1.2). Anschließend wird die Epoché Husserls in

---

[3] S. hierfür: Roselt, Jens (2008): Phänomenologie des Theaters. München: Wilhelm Fink., Sabisch, Andrea (2007): Inszenierung der Suche. Vom Sichtbarwerden ästhetischer Erfahrung im Tagebuch. Entwurf einer wissenschaftskritischen Grafieforschung. Bielefeld: Transcript., Koller, Hans-Christoph (2011): Bildung anders denken. Einführung in die Theorie transformatorischer Bildungsprozesse. Stuttgart: Kohlhammer., Westphal, Kristin (2014): Fremdes in Bildung und Theater/Kunst. In: Deck, Jan/Primavesi, Patrick (Hrsg.): Stop Teaching! Neue Theaterformen mit Kindern und Jugendlichen. Bielefeld: Transcript, S. 125-138.

[4] Die Schwierigkeit des Begriffs der Methode ist mir bei den beiden hier zugrundeliegenden Konzepten der Phänomenologie und Performativität aufgrund ihres offenen und lebendigen Wesenszugs bewusst. Die Verwendung des Begriffs der „Methode" soll die „Nicht-Technologisierbarkeit" der beiden Strategien nicht verachten, weswegen ich das Kapitel 2, welches meine Arbeitsweise in dieser Studie beschreibt als phänomenologisch-performatives methodologisches *Vorgehen* betitelt habe.

sehr groben Zügen erläutert (Kap. 2.1.3). Diese Ausführung unterteilt sich in die Darstellung der Ebene der theoretischen Welt, ersten Epoché und natürlichen Einstellung, der phänomenologischen Reduktion und Einstellung, der phänomenologischen Einstellung, eidetischen Reduktion und Wesensschau und nicht zuletzt der transzendentalen Reduktion und Subjektivität. Das Unterkapitel der Phänomenologie schließe ich mit der Deskription in Anlehnung an Natalie Depraz (Kap. 2.1.4). Den zweiten Teil der methodischen Strategie stellt Performativität (Kap. 2.2) dar, welche sich in eine Beschreibung der Entwicklung (Kap. 2.2.1), den Versuch einer Begriffsabgrenzung und Definition (Kap. 2.2.2), einer Ausführung zur entstehenden Forschungsmethode der performative research (Kap. 2.2.3) und einer Darstellung der Methode des Werktagebuchs bzw. der Erinnerungsprotokolle (2.2.4) untergliedert. Ich schließe den methodischen Teil der Studie, in dem ich in Kapitel 2.3 die beiden Strategien der Phänomenologie und Performativität zusammenführe. Daran schließe ich ein Kapitel, welches die Phänomenologie des Fremden von Bernhard Waldenfels beschreiben soll, an (Kap. 3). Dieses besteht aus dem Unterkapitel zur Entwicklung (Kap. 3.1), dem Ordnungsbegriff (Kap. 3.2), dem Fremden (Kap. 3.3) und der Antwort als Responsivität in Verbindung mit ihrer responsiven Differenz (Kap. 3.4). Die performative phänomenologische Untersuchung des Gegenstands nehme ich in Kapitel 4 vor. Das Kapitel „Konzeptionen von Responsivität", trennt zunächst, die Konzeptionen von Waldenfels (Kap. 4.1), Mersch (Kap. 4.2) und Seel (Kap. 4.3), um dann in Unterkapitel 4.4 den gemeinsamen Nenner der „Konzeptionen von Responsivität bei Waldenfels, Mersch und Seel" zu suchen. Ich schließe die Studie mit einem Fazit und Ausblick auch bezogen auf die Soziale Arbeit (Kap. 5).

Schließlich möchte ich, dass sich alle Personen angesprochen fühlen und verwende daher – auch im Hinblick auf die performative Konstitution von Wirklichkeit durch Sprache – die sogenannte Schreibform des Gender-Sternchens. Originalzitate verändere ich hingegen nicht, um deren Inhalte zu belassen.

Nachdem ich in die Thematik meiner Studie eingeleitet habe, gehe ich nun dazu über, das methodische Vorgehen dieser näher auszuführen.

2 Phänomenologisch-performativ methodologisches Vorgehen

An die allgemeine Einleitung in die Thematik anschließend leite ich im Folgenden die detaillierte Ausarbeitung des phänomenologisch-methodologischen Vorgehens ein. An dieser Stelle sei mir, der kurze Einschub gewährt, dass ich die Konzepte der Phänomenologie und Performativität in diesem Rahmen nur skizzieren kann und stark vereinfacht habe. „The way of saying is the what of saying" (Geertz zit. nach Sabisch 2007, 66). Dieses Zitat von Geertz verweist auf den Zusammenhang von Forschungsgegenstand und -methode, also das altbekannte Kriterium der *Gegenstandsangemessenheit*. Da ich in meiner Studie einen Gegenstand zugrunde liegen habe, der sich nur im Vollzug äußert und Sinn generiert, möchte ich – im Hinblick auf das soeben angeführte Zitat – das, was ich zu sagen habe, in der Art und Weise sagen, wie das „was" sich äußert. So komme ich zur performativen Strategie meiner Studie, die sich auch mimetisch und responsiv gestalten soll. Ebenso zeigt sich Responsivität – wie ich schon einleitend festgestellt habe – nur im Verweis und indirekten Thematisieren. Daher habe ich entschieden, die philosophischen Studien zur Responsivität von Bernhard Waldenfels, Dieter Mersch und Martin Seel zu untersuchen. Die Untersuchungen ereignen sich neben performativen Strategien auf phänomenologischer Ebene, in dem ich schaue, *wie* sich Responsivität für mich konzipiert bzw. in mein Bewusstsein gelangt.

Nachdem ich nun in die methodischen Strategien eingeleitet habe, beginne ich mit meinen Ausführungen zu der ersten für diese Studie wesentlichen Strategie, der Phänomenologie.

2.1 Phänomenologie

Die Phänomenologie bezeichnet vor allem eine ausschlaggebende Richtung der Philosophie des letzten Jahrhunderts, die gegenwärtig eine Renaissance verzeichnet (vgl. Zahavi 2007, 7-8). In der Regel gilt der Philosoph und Mathematiker Edmund Husserl (1859-1938) als ihr Begründer (vgl. ebd./Depraz

2012, 10/Danner 2006, 135).[5] Nach Helmut Danner ist zwischen einer Phänomenologie ausgehend von Husserl, die sich als „strenge Wissenschaft"
(Merleau-Ponty 1966/1945, 3) begreift und sich durch ihr methodisches Vorgehen als Grundlage für die gesamte Philosophie sowie Wissenschaft versteht bzw. verstand[6] und der Anwendung – teilweise auch nur einzelner Teile
– der Methode in bestimmten Geisteswissenschaften oder anderen Bereichen der Philosophie (bspw. der philosophischen Anthropologie oder der
Existenzphilosophie) zu unterscheiden. Häufig wird für beides der Begriff
„Phänomenologie" verwendet, wobei hier Danner zufolge wesentliche Unterschiede vorliegen. Die Husserl'sche Phänomenologie thematisiere vielmehr
Bewusstseinsgegebenheiten. Wohingegen die methodischen Ausformungen
in anderen Disziplinen sowie auch in der Philosophie häufig von der Untersuchung ablassen, *wie* Gegebenheiten sich uns zeigen und somit das ur-
sprüngliche Themengebiet der Phänomenologie verlassen (vgl. Danner
2006, 135-136/Depraz 2012, 168). Danner, der die Phänomenologie als Methode im Rahmen der Pädagogik betrachtet, nimmt somit eine grobe Unter-
teilung in angewandte und nicht-angewandte Phänomenologie vor (vgl. ebd.,
138). Die französische Philosophin Natalie Depraz hingegen behauptet: „Die
Phänomenologie ist ,angewandt' oder sie ist überhaupt nicht!" (Depraz 2012,
53). Sie empfindet eine Unterscheidung als überflüssig, da es für sie stets
und seit jeher um die Erforschung von Phänomenen, die nur im Vollzug zur
Erscheinung gelangen, geht. Das Denken hierbei ist für Depraz ein aktiver
Prozess, weswegen die phänomenologische Philosophie nach ihr nur ange-
wandt sein kann (vgl. ebd.).[7]

---

[5] Weitere wesentliche Vertreter sind neben anderen: Jacques Derrida, Aron Gurwitsch,
Martin Heidegger, Michel Henry, Roman Ingarden, Emmanuel Levinas, Jean-Luc Marion,
Maurice Merleau-Ponty, Paul Ricoeur, Jean-Paul Sarte, Max Scheler sowie Alfred Schütz.
Auch die Philosophie Theodor W. Adornos, Michel Foucaults, Hans-Georg Gadamers,
Jürgen Habermas' und Jacques Lacans wurde von der Phänomenologie beeinflusst – sei
es durch kritische Stellungnahmen (vgl. Zahavi 2007, 7).
[6] Husserl selbst war es schon, der zugab, dass der historische Kontext, in dem wir uns
befinden immer auch Bedingung der wissenschaftlichen Untersuchung ist, sodass er den
Traum der Phänomenologie als „strenge Wissenschaft", die alle anderen Wissenschaften
erst ermöglicht bzw. bedingungslose Grundlage ist, ausgeträumt sah (vgl. Depraz 2012,
166/Danner 2006, 185).
[7] Eine Erläuterung des Phänomenbegriffs in der Phänomenologie befindet sich in Unterkapitel 2.1.3.

Da in dieser Studie die Frage im Vordergrund steht *wie* sich Responsivität konstituiert – ich also eine Frage zugrunde liegen habe, die eine Bewusstseinsfrage ist, beziehe ich mich in meiner Vorgehensweise zum einen auf Husserls Phänomenologie, der zwar eigene Inhalte seiner phänomenologischen Philosophie revidierte, sich jedoch bis zum Ende seines Schaffens auf die Konstitution von Bewusstsein konzentrierte (vgl. Danner 2006, 186). Ich möchte jedoch nicht unerwähnt lassen, dass nicht nur Depraz die Phänomenologie Husserls methodologisch als zweifelhaft ansieht. Jedoch sind sich Depraz und Danner einig, dass Gegenvorschläge zur Phänomenologie Husserls erstmal an ihm selbst zu messen seien und nur nach ausgiebiger Beschäftigung mit seiner Phänomenologie möglich seien (vgl. Depraz 2012, 12, 28/Danner 2006, 168). Zum anderen bediene ich mich in dieser Studie auf der Ebene des Schreibens der Ausdifferenzierung der Husserl'schen Deskription von Natalie Depraz, d.h. ich richte mich nach ihrem Verständnis der Deskription, welches sie unter anderem in *Phänomenologie in der Praxis* ausführt (vgl. ebd., 158-185).

Nach der allgemeinen Einführung in die Phänomenologie gelange ich zur Skizze der Entwicklung der Phänomenologie anhand der Studien einiger Vertreter.

2.1.1 Entwicklung

Die Phänomenologie befindet sich von Beginn an in ständiger Weiterentwicklung und Ausdifferenzierung. Husserl selbst verschafft ihr einen jahrzehntelangen Entwicklungsprozess, der sich schriftlich in seinem ersten Hauptwerk den *Logischen Untersuchungen* (1900/01) bis hin zu seinem unvollendeten Spätwerk *Die Krisis der europäischen Wissenschaften und die transzendentale Phänomenologie* (1936) manifestiert.[8] Zur Entwicklung seiner Methode der transzendentalen Epoché[9] bedient er sich den Teilen der Philosophiegeschichte, die zur Weiterentwicklung seiner Forschungen für sein Anliegen,

---

[8] Für eine tiefergehende Recherche zu Husserls Phänomenologie s. z.B. Janssen, Paul (1976): Edmund Husserl. Einführung in seine Phänomenologie. München: Karl Alber. oder Diemer, Alwin (1956): Edmund Husserl. Meisenheim am Glan: Anton Hain.
[9] Diese stellt die grundlegende Methode der Studie dar und wird in dem Unterkapitel 2.1.3 vorgestellt.

die Struktur menschlicher Erfahrung zu ergründen, einen Beitrag leisten können (vgl. ebd., 29-30/Danner 2006, 136).[10] Ebenso nutzt er seinen mathematischen Hintergrund und auch psychologische Inhalte zur Ergründung des gerade genannten Erkenntnisinteresses. Seinem Schüler Heidegger vermittelt er vielmehr das Phänomen als praktische Erfahrung und weniger die geschichtlichen Aspekte der Philosophie für seine Studien zu nutzen. Heidegger differenziert die Arbeitsweise Husserls aus, in dem er die Phänomenologie um theologische Fragen erweitert, d.h. z.b. um Fragen bezogen auf Erfahrungen der menschlichen Existenz, die sich dem Rationalen entziehen. Heidegger wendet sich letztlich also von der Erfahrungspraxis Husserls ab und stößt mit seiner Entwicklung der phänomenologisch-hermeneutischen Methode eine Tendenz der Phänomenologie in Richtung Hermeneutik an.[11] In den 1930er Jahren, nachdem die Phänomenologie in Deutschland schon weit entwickelt ist, gelangen auch französische Philosophen mit ihr in Kontakt. So z.b. Jean-Paul Sartre, der sich unter anderem mit seinem Werk *Die Transzendenz des Ego* versucht von der Phänomenologie Husserls abzugrenzen. Sartre möchte die Philosophie mit Bereichen konkreter Erfahrungen verbinden, um dann eine Basis für die Psychologie auf ontologischer Ebene zu schaffen, d.h. Erklärungen für Weltliches geben zu können. Wie Sartre auch engagiert sich der Philosoph Maurice Merleau-Ponty politisch und ergänzt die Phänomenologie um psychologische Inhalte. Merleau-Ponty gibt der Phänomenologie bei seiner Suche nach einer interdisziplinären Wissenschaft außerdem einen naturwissenschaftlichen bzw. biologischen Einfluss und bereichert die Phänomenologie um das sogenannte Konzept der Lebenswelt.[12] Emmanuel Levinas, Schüler von Husserl und Heidegger, bedient

---

[10] Als Beispiel können hier die transzendentale Ästhetik Kants oder John Lockes Konstitutionstheorie des Subjekts genannt werden (vgl. Depraz 2012, 29).

[11] Die Hermeneutik als theoretische philosophische Disziplin versteht sich als Analyse, Strukturierung und Vermittlung von Prozessen des Verstehens, weswegen sie auch als „Kunst der Auslegung" (Danner 2006, 35) bezeichnet wird (vgl. ebd., 34-35 sowie für eine Einführung in die Hermeneutik insbesondere in der Pädagogik S. 34-131).

[12] Für die wissenschaftliche Untersuchung betrachten viele Phänomenolog*innen die Lebenswelt als unumgehbare Grundlage. Die Beschreibung der Lebenswelt ist sozusagen eine der wesentlichen Ziele der Phänomenologie (vgl. ebd.). Schon bei Husserl lag in ihr „eine alle Erkenntnis letztlich begründende Sinnquelle" (Husserl 1962 zit. nach ebd.), sodass er Merleau-Ponty sozusagen den Weg zur Ausdifferenzierung der Phänomenologie

sich ebenso Aspekten der Husserl'schen Phänomenologie und wendet sich schließlich wie alle bisher genannten Philosophen von seinen Ansätzen ab, da er die Denkweise des Begründers als zu sehr auf das Wesen von Phänomenen versteift sowie vom Idealismus infiziert wahrnimmt. Levinas widmet seine Philosophie auf der Grundlage praktizierenden Judaismus' vor allem der Beziehung zum sogenannten Anderen bzw. der Konstitution des Menschseins, die ihm zufolge erst durch ein Verantwortungsbewusstsein für den Anderen stattfindet (vgl. Depraz 2012, 29-49/Zahavi 2006, 102-109). Es waren also, um es an dieser Stelle noch einmal zusammenfassend zu erläutern, z.B. die Disziplinen der Mathematik (Husserl), der Psychologie (Husserl, Sartre, Merleau-Ponty), der Theologie (Heidegger) und der Biologie (Merleau-Ponty) sowie Levinas' Beschäftigung mit dem Judaismus um die die Phänomenologie bereichert wurde. Aufgrund der zahlreichen hier angedeuteten Einflüsse im Laufe der Entwicklung schlussfolgert Depraz, die Phänomenologie besäße keine eigenen Inhalte, sondern gewinne ihr Wesen durch das Fremde und realisiere sich selbst erst im „Inkontakttreten" mit diesem (vgl. Depraz 2012, 26-27). Helmut Danner beschreibt zusätzlich neben der hier angerissenen Ausdifferenzierung durch die verschiedenen Schüler Husserls die Entwicklung der Phänomenologie durch die Anwendung in den unterschiedlichen Disziplinen, die sich selbst noch einmal voneinander unterscheiden lassen beispielsweise in der Pädagogik unterscheiden sich die phänomenologischen Ansätze Fischers, Bollnows und Langevelds voneinander (vgl. Danner 2006, 137).

---

um die Lebenswelt geebnet hat (vgl. Danner 2006, 152). Wissenschaft wird – so die Annahme der Phänomenologie – also erst durch die Lebenswelt ermöglicht (vgl. auch Anm.1 zum Subjektivitätskonzept der Phänomenologie). Oder um es in den Worten Cornelia Muths auszudrücken: „Erst kommt das Leben, dann die Erkenntnis" (Muth 2015, 15). Hierbei ist zu beachten, dass Wissenschaft und Lebenswelt als sich wechselseitig kreislaufartig beeinflusst angesehen werden, d.h., es wird davon ausgegangen, dass die Erkenntnisse der Wissenschaft wieder eingang in die Lebenswelt erhalten, nachdem sie aus dieser generiert wurden (vgl. Zahavi 2007, 31-32). Gerade in den jüngsten Entwicklungen der phänomenologischen Ansätze der Pädagogik wird Merleau-Pontys Konzept der Lebenswelt als wesentliche Grundlage verstanden. Da die Lebenswelt nach Merleau-Ponty noch *vor* dem Bewusstsein liegt, ist sie nicht gänzlich erschließbar (vgl. Danner 2006, 154). Zudem hat der Begriff der Lebenswelt historischen Charakter, d.h. die aktuell bestehende Lebenswelt und die sich darin bewegenden Subjekte sind immer auch vor ihrem geschichtlichen Hintergrund zu betrachten (vgl. ebd., 153).

Nach dem ich einen sehr kompakten Einblick in die Entwicklung der Phänomenologie gegeben habe, wage ich mich im Anschluss an die Definition der
Phänomenologie.

2.1.2 Definition

Nach der Darstellung der Entwicklung der Phänomenologie ist es nicht verwunderlich, dass es „nicht *eine* [Herv.i.O.] Phänomenologie" (Good 1998 zit.
nach Matt-Windel 2010, 70) gibt (vgl. auch Zahavi 2007, 36/ Danner 2006,
161). Weiterhin führt Matt-Windel unter Verwendung von Levinas' Gedanken,
der sich wiederum auf Husserl beruft, aus, die Phänomenologie sei schwierig
zu definieren. Man müsse vielmehr Prozessen folgen bzw. sie anwenden,
um diese zu beweisen, d.h. Phänomenologie verstehen zu können (vgl. Matt-
Windel 2014a, 34/Depraz 2012, 26,28). Auch Merleau-Ponty stellt im zweiten
Satz seines Vorworts des für die Phänomenologie maßgeblichen Werks *Phänomenologie der Wahrnehmung* fest, dass es keine Antwort auf die Frage,
was Phänomenologie ist, gäbe (vgl. Merleau-Ponty 1966/1945, 3). Doch obwohl die Phänomenologie vielfältige Ausgestaltungen annimmt oder um es
mit Diemers Worten zu sagen „ein buntes und oft wirres Bild von Anschau-
ungen" (Diemer 1956, 9) darstellt, gibt es grundsätzliche Prinzipien und Themen, die die Phänomenologie charakterisieren (vgl. Zahavi 2007, 8).

Auf etymologischer Ebene lässt sich sagen, dass der Begriff „Phänomen"
aus dem Griechischen übersetzt so viel, wie das, was uns erscheint, bedeutet. In Kombination mit dem Suffix „-logie", was unter anderem mit Lehre
übersetzbar ist, kann die Phänomenologie daher als Lehre von den Erscheinungen bezeichnet werden (vgl. Danner 2006, 132).

Hierbei ist es wesentlich von einem bestimmten Phänomenbegriff auszuge-
hen, um sicherzugehen, dass das Verständnis der Phänomenologie nicht
durch ein Missverständnis unterlaufen wird. Die „‚Wissenschaft von' den
Phänomenen" (Heidegger 1977, 31) basiert auf einer Definition des Phänomens, als das, was sich offenbart und von sich aus zum Vorschein kommt.
In der Phänomenologie wird also die Weise der Erscheinung eines Gegenstandes thematisiert (vgl. Zahavi 2007, 13). Heidegger führt dazu in § 7 seines ersten Hauptwerk *Sein und Zeit* die Formulierung „das Sich-an-ihm-

selbst-zeigende" (Heidegger 1977, 31) für einen phänomenologischen Phänomenbegriff ein. In der Phänomenologie wird die Behauptung aus dem Alltäglichen oder den Naturwissenschaften, ein Gegenstand wie er uns erscheint, sei etwas anderes als er selbst, verworfen. Die Welt, wie sie uns erscheint, wird vielmehr als die wirkliche Welt angenommen. Es wird in der Phänomenologie jedoch auch zwischen der Erscheinung und der Wirklichkeit differenziert, allerdings im Rahmen der uns erscheinenden Welt (vgl. Zahavi 2007, 13-16). Nach Danner sind Phänomene intentionale[13] Bewusstseinsakte und intentionale Gegenstände in eins. Gegenstand der Phänomenologie ist daher letztlich alles Seiende, wenn und wie es dem Bewusstsein und der Erfahrung gegeben ist. Hier ist eine Art Doppelcharakter der Phänomenologie zu erkennen, denn sowohl eine gegenständliche wie auch eine erfahrungsbasierte Seite werden zum Inhalt dieses philosophischen Ansatzes (vgl. Danner 2006, 133, 141-142).

Natalie Depraz führt hierzu aus:

> „Was also den phänomenologischen Ansatz charakterisiert, ist dessen unaufhebbare Anbindung an die unmittelbare Erfahrung. [...] Die Aufmerksamkeit auf sein Erleben in dessen Vollzug zu richten, bedeutet wohl eine Abstandslosigkeit, aber eine solche, in der so wenig Ausnahmen, Setzungen und Vorurteile wie möglich vermeint werden, sodass das phänomenal Gegebene als das erscheint, was es an sich ist." (Depraz 2012, 18)

Käte Meyer-Drawe arbeitet ebenso als Kernelement der Phänomenologie – unabhängig der diversen Ausgestaltungen – eine Art des Denkens heraus, die sich den Erfahrungen als Instrument zur Erkenntnis der Weise, wie uns Welt gegeben ist, widmet (vgl. Matt-Windel 2014a, 31).

---

[13] Intentionalität bezeichnet in der Phänomenologie ein „Gerichtet-sein-auf-etwas" (Danner 2006, 141) und ist seit Hussel grundlegend für die Phänomenologie (vgl. ebd./Waldenfels 2007, 40). Hiermit ist gemeint, dass wir uns mit unserem Bewusstsein einem Gegenstand zuwenden. Durch den Bewusstseinsakt beziehen wir uns auf den Gegenstand, in dem „sich ein Ich zur Welt öffnet" (Roselt 2008, 167) (vgl. Rosel 2008, 165). Diese Zuwendung kann sich z.B. in Form von physischer Wahrnehmung, Vorstellungen, Wünschen, Urteilen ausdrücken (vgl. Danner 2006, 141). Husserl differierte zwei Arten von Intentionalität. So gab es für ihn die „Aktintentionalität" mit der eine objektivierende Gegenstandgerichtetheit bezeichnete und die sogenannte „fungierende Intentionalität", welche eine Bewusstseinsgerichtetheit beschreibt, die sozusagen vorsprachlich und nach Merleau-Ponty nicht analysierbar ist (vgl. Zahavi 2007, 41).

Demnach wird das Subjekt hier also als eines verstanden, welches sich nicht anders als in Beziehung zur Welt erleben kann, sodass uns ein Gegenstand erst durch die Wahrnehmung eines Subjektes präsentiert wird (vgl. Zahavi, 7, 14). Das intentionale Erleben von etwas ist das Subjektive im Sinne der Phänomenologie (vgl. Danner 2006, 142). Die Art und Weise *wie* ein Gegenstand erscheint wird in der Phänomenologie als wesentlich für ihn selbst erachtet, d.h. – ich betone es noch mal – das Wesen eines Gegenstandes befindet sich „nicht irgendwo hinter den Phänomenen, sondern entfaltet sich gerade *in* [Herv.i.O.] ihnen" (Zahavi 2007, 15). Zahavi bezeichnet die Phänomenologie als eine Analyse der Erscheinungsweisen von Gegenständen und der Strukturen, die es den Gegenständen ermöglichen sich als das zu zeigen, was sie sind sowie als eine permanente kritische Reflexion von scheinbar selbstverständlich Gegebenem (vgl. ebd., 13, 42).

Zur näheren Beschreibung der Phänomenologie sei an dieser Stelle die von Husserl formulierte und in der phänomenologischen Philosophie seither allgemeingültige Maxime „Zu den Sachen selbst!" angeführt. Hier kommt die Aufgabe, die sich die Phänomenologie seit ihrem Ursprung gesetzt hat, noch mal zum Vorschein. Die Phänomenologie möchte eine Zugangsweise bieten, die es der Sache ermöglicht, sich selbst heraus kristallisieren zu lassen und hierbei durch die Betonung der subjektiven Erfahrung auf vorgegebene Konventionen, theoretische Positionen, Spekulationen, Vorurteile möglichst weitgehend zu verzichten (vgl. Danner 2006, 132/Zahavi 2007, 26/Depraz 2012, 19). Das erklärt vielleicht, weswegen sich die Phänomenologie seit ihrer Begründung als *Kunst des Sehens* auffasst (vgl. Kapust 2007, 16).

Hier wird ein Verhältnis zur Wissenschaft erkenntlich, welches die häufig auf den Sockel gestellte Objektivität als Ideal der Forschung nicht annimmt. Da für die wissenschaftliche Untersuchung der Erfahrungswelt subjektive Erfahrung unabdingbar und konstituierend ist, wird diese zum Wahrheits- und Evidenzkriterium (vgl. Zahavi 2007, 27, 30). Wenn also die Phänomenologie *vor* allen anderen Wissenschaften liegen soll, kann ihr Gegenstandsgebiet nicht begrenzt sein, d.h. es ist universal (vgl. Danner 2006, 139).

Hiermit geht der Gedanke einher, dass „jedes Erscheinen eines Gegenstandes, immer ein Erscheinen *von* etwas *für* jemanden darstellt" (Zahavi 2007, 18-19), sodass ich an dieser Stelle begründen möchte, weshalb ich diese Studie aus der Ersten-Person-Perspektive verfasse. Nach Merleau-Ponty ist die Welt untrennbar vom Subjekt und wissenschaftliches Schreiben setzte den Einbezug dieser Tatsache voraus (vgl. Merleau-Ponty 1966, 486/Zahavi 2007, 38). Während in der traditionellen Erkenntnis Subjekt und Welt (Ontologie) als voneinander trennbar angesehen werden, möchte die Phänomenologie sich dieser Dichotomie entledigen und eben den Zusammenhang von Welt und Subjektivität untersuchen, d.h. Erkenntnistheorie und Ontologie verbinden. Die Wirklichkeit ist – phänomenologisch gesehen – sozusagen auf das Subjekt angewiesen, um erfahren zu werden (vgl. Zahavi 2007, 19-20). Phänomenologisch professionelle Forschungspraxis sieht Matt-Windel daher in einer selbstreflexiven/-bewussten Haltung der forschenden Person gegeben (vgl. Matt-Windel 2014a, 64). „Die Setzung subjektorientierter, reflexiver Forschung, die das Ideal objektiver Wissenschaft kritisch hinterfragt, ist [somit] ein Versuch, die habituell einverleibten, historischen, kulturellen, sozialen und biographischen Prägungen und Verwicklungen des Wissenschaftlers in den Forschungs- und Erkenntnisprozess ein zu beziehen" (ebd., 63-64). Zum Abschluss dieses exkursartigen methodologischen Aspekts dieser Studie, der sich jedoch aus definitorischen Kriterien der Phänomenologie ergibt, sei Matt-Windels Erinnerung angeführt, dass das Schreiben aus der Ich-Perspektive verdeutlicht, dass mir bewusst ist, dass ich den Forschungsgegenstand nur perspektivisch, d.h. nicht vollständig erfasse (vgl. ebd.).

Aus dem Vorangegangenen ergibt sich ein ergebnisoffener prozessorientierter Charakter der Phänomenologie. Denn wenn alles naiv und unvoreingenommen betrachtet werden soll, muss die Phänomenologie sich auch ihrer eigenen Existenz ständig neu „versichern". Durch ihre selbstgesetzte Aufgabe, die Konstituierung von Welt und somit auch Leben zu ergründen, entsteht ein „endloser Dialog, [eine] endlose Meditation, und gerade, wenn sie ihrer Absicht treu bleibt, wird sie nie wissen, wohin sie geht" (Husserl zit. nach Merleau-Ponty 1966, 18). Merleau-Ponty bezeichnet sie daher auch als Bewegung und grenzt die Phänomenologie auf definitorischer Ebene von den Begriffen System und Lehre ab (vgl. ebd.).

An die Konstatierung der Unmöglichkeit *die* Phänomenologie herauszustellen und der Erläuterung ihrer Wesenszüge, schließe ich nun meine Darstellung der Epoché Husserls an.

2.1.3 Transzendentale Epoché und Reduktionen

Im Folgenden führe ich in die transzendentale Epoché und Reduktionen nach Husserl ein. Der sich selbst auferlegte Anspruch der Phänomenologie, alles, was ist, untersuchen zu wollen, erfordert einen dementsprechenden alternativen wissenschaftlichen Zugang (vgl. Depraz 2012,133/Zahavi 2007, 21-22). So gilt es seit Husserl theoretische Positionen loszulassen und ein naives „Selbstverständlichnehmen" der Welt aufzugeben, um zu einem „Ort" zu gelangen, an dem „Welt" sich konstituiert und uns ihren eigentlichen Sinn enthüllt (vgl. Diemer 1956, 32). Für phänomenologische Studien bedarf es also eines kritischen Verhältnisses zu den bestehenden Vorannahmen und Bewertungen, denn wenn die Phänomenologie Grundlage für alle anderen Wissenschaften sein möchte, muss sie für ihre wissenschaftlichen Untersuchungen selbst in gewisser Hinsicht bedingungslos und unabhängig sein (vgl. Danner 2006, 138-139).

Hierfür hat der Begründer der Phänomenologie Husserl den für die phänomenologische Philosophie wesentlichen Begriff der Epoché eingeführt, der bei ihm so viel wie „Inklammersetzung", „Ausschaltung" oder „Anhalten" bedeutet (vgl. Depraz 2012, 135/ Danner 2006, 142/Zahavi 2007, 24). Diemer ergänzt hierzu, Husserl meine eine „Enthaltung von natürlich-naiven, und jedenfalls von schon im Vollzug stehenden Geltungen" (Diemer 1956, 34). Durch eine Aufhebung, die sich stufenweise abstrahierend von dem „naiven Seinsglauben" (Danner 2006, 143) vollziehen soll – das sind die Reduktionen – wollte Husserl sein Anliegen, zur transzendentalen Subjektivität zu gelangen, verwirklichen. Mit „transzendentaler Subjektivität" ist „ein Ich [gemeint], das ‚vor' aller normalerweise reflektierten auch psychologischer Erfahrung liegt" (ebd., 136), um so die Konstitution von „Welt" aufzeigen bzw. zum Vorschein bringen zu können. Transzendental bezeichnet in diesem Zusammenhang etwas, das sich auf der Bewusstseinsebene ereignet und ist nicht mit transzendent, d.h. etwas, das jenseits unseres Erkenntnisvermögens liegt, zu verwechseln (vgl. ebd., 136, 140). Hier ist vielmehr ein bewusstseinsspezifischer Prozess angesprochen, indem ich mir meines „In-der-Welt-seins" und meiner „Mit-Welt" gewahr werden kann (vgl. Muth 2014, 47). Die transzendentale Subjektivität stellt in der Phänomenologie eine letzte Instanz dar, in der sich etwas zeigen kann (vgl. Zahavi 2007, 24).

Die Epoché bezeichnet die Auflösung und das Hinterfragen der bestehenden Annahmen und die Reduktionen stellen das Verhältnis zwischen „Subjekt" und „Welt" dar. Die Epoché und die Reduktionen widmen sich gewissermaßen beide dem Loslassen von vorherrschend Gedachtem, sodass sie auch als Einheit bezeichnet werden können, wobei die Epoché die Reduktionen erst ermöglicht. Es geht hier jedoch nicht darum, die „wirkliche" Welt zu vernachlässigen, sondern vielmehr die Einstellung zur Welt zu verändern, sodass sich uns Neues erschließt und in besonderer Weise erfahrbar wird.

Das vielschichtige Vorgehen Husserls in der Epoché kann hier nur skizziert werden.[14] Es gibt nach Husserl vier Ebenen, die zur transzendentalen Subjektivität führen. Um von der einen zur anderen Ebene gelangen zu können, sind drei sogenannte Reduktionen nötig. Die theoretische Einstellung oder Welt stellt die erste Ebene dar. Zur natürlichen Einstellung gelange ich, in dem ich die erste Epoché vollziehe. Daraufhin nehme ich die phänomenologische Reduktion vor, um zur phänomenologischen Einstellung zu gelangen. Auf dieser Ebene gibt es eine weitere mögliche Reduktion – die eidetische – mit der ich zur Wesensschau gelangen kann. Zur letzten Stufe der transzendentalen Subjektivität gelange ich durch die transzendentale Reduktion (vgl. Danner 2006, 142-143/Zahavi 2007, 23-24).[15]

Inzwischen steht der Begriff Epoché für die diversen methodischen Vorgehensweisen in der phänomenologischen Methodologie (vgl. Depraz 2012, 135). Exemplarisch gehe ich an dieser Stelle auf die Ausdifferenzierung der Epoché von Depraz ein. Natalie Depraz wandelt die Epoché Husserls in ein Drei-Phasen-Modell um, in dem sie eine erste Phase der Aufhebung naiver Einstellung, d.h. des Hinterfragens von scheinbar selbstverständlich Gegebenem, eine zweite Phase der Umkehr/Neuausrichtung der Aufmerksamkeit von „außen" nach „innen" und eine dritte Phase des Loslassens von Erfahrung bzw. Offensein für neue Erfahrungen einführt. Die verschiedenen Phasen bzw. Reduktionen beschreibt sie als sich in einer „mobilen und dynamischen Zirkularität" (ebd.) befindend und wechselseitig beeinflussend, wobei zur Aktivierung der Epoché nach Depraz die erste Phase des Aufhebens von

---

[14] Für eine differenzierte Darstellung siehe z.B. Ströker, Elisabeth (1987): Husserls transzendentale Phänomenologie. Frankfurt a. M.: Klostermann.
[15] Für eine vereinfachte schematische Darstellung s. Abbildung 2 am Ende dieses Kapitels.

Selbstverständlichem unabdingbar ist. Die eidetische Variation sehen Depraz, Varela und Vermersch im Kern ihres Modells gegeben, sodass die Variation als das Modell zusammenhaltend gilt und in der Epoché Depraz' neu verortet wird (vgl. ebd., 133-135).[16]

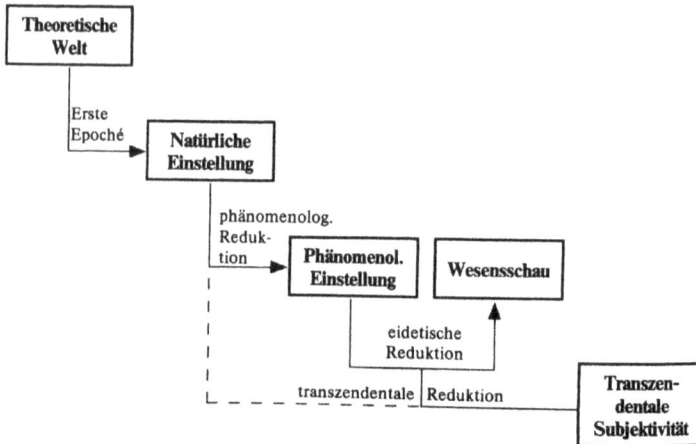

Abbildung 2: Die Epoché nach Edmund Husserl, (Danner 2006, 138).

Theoretische Welt, erste Epoché und natürliche Einstellung

Nachdem ich in die Epoché nach Husserl eingeführt habe, beginne ich den ersten methodischen Schritt dieser zu erläutern.

Dieser besteht in der Phänomenologie in dem Verlassen der sogenannten theoretischen Welt. Die theoretische Welt ist eine Beschreibungsform unseres Verhältnisses zur Welt. Sie gilt in der phänomenologischen Philosophie als „unnatürlich" (Danner 2006, 144) in dem Sinne, dass wir hier von einer Welt sprechen, die wir uns z.b. mittels Traditionen, Religionen, Wissenschaft, geltendem Recht, Staatsform, Sitte, d.h. durch von uns geschaffene normative Regelungen „zurecht dichten". Diemer bezeichnet diese durch Konventionen entstehende Welt als ein „sekundäre[s] Gebilde" (Diemer 1956, 21)

---

[16] Für eine ausführliche Beschreibung der Methode Depraz' s. Depraz, Natalie/Varela, Francisco J./Vermersch, Pierre (2003): On Becoming Aware. A Pragmatics of Experienceing. Amsterdam/ Philadelphia: John Benjamins.

(vgl. Danner 2006, 144). Zahavi merkt hierzu weiterhin an, dass wir die all-
tägliche Welt als so selbstverständlich nehmen, dass wir ihr und ihrer Entstehung keine gesonderte Aufmerksamkeit schenken und betont noch einmal
das Ziel der Phänomenologie, diese Vertrautheit kritisch zu betrachten und
bewusst werden zu lassen (vgl. Zahavi 2007, 40).

Mithilfe der ersten Epoché gelangen wir durch Aufhebung dieser in gewisser
Weise von uns konstituierten Welt zur natürlichen Einstellung. Die regelge-
benden Konstanten gilt es in der ersten Epoché auszuklammern, um in das
Gebiet zu gelangen, in dem sich Normen und Regeln überhaupt erst konstituieren können (vgl. Danner 2006, 145). Der Vollzug von der theoretischen
zur natürlichen Einstellung wird als Wechsel von zwei fundamental unterschiedlichen Weltverhältnissen beschrieben, sodass hier die intentionalen
Gegenstände bereits in ganz anderer Weise erscheinen. Die Wahrneh-
mungsweise verändert sich also durch die erste Epoché gravierend (vgl.
Depraz 2012, 137).

Janssen sieht in der Maxime „Zu den Sachen selbst!" (s. Kap. 2.1.2) der Phänomenolog*innen den Hinweis auf die natürliche Einstellung, bei der die phänomenologische Philosophie beginnt. Die Formulierung „natürliche Welt"
charakterisiert eine Einstellung, die sich jedoch deutlich von der soeben beschriebenen theoretischen Welt oder Einstellung unterscheidet. Hier wird das
Subjekt vielmehr als eines beschrieben, welches sich unvoreingenommen
und vorurteilsfrei verhält. Das Subjekt nähme Erlebnisse und Erfahrungen
wie sie sind, ohne zu hinterfragen, sodass Fink diese Einstellung als „Weltglaube" (Fink 1938 zit. nach Danner 2006, 145) tituliert (vgl. ebd., 144-145).
Beschreibbar ist die natürliche Welt mit den Worten Janssens, der hier auch
das Verhältnis der Phänomenologie zur Wissenschaft andeutet:

> „Die Menschen leben in einer Umwelt, in der durch die verschiedenen Weisen
> sinnlichen Erfahrens die Dinge für sie einfach da sind, ihre räumliche und zeitliche
> Ordnung haben, in einem offenen Horizont stehen u.Ä.m. Das ist zunächst vor und
> unangesehen aller Wissenschaft der Fall. Wissenschaft wird von den Menschen
> in der Umwelt, in der sie leben, ausgebildet. Die wissenschaftlichen Erkenntnisse
> sind Produkt aktiven Hervorbringens. Die gewöhnliche Welt aber, in der man
> (noch) nichts Wissenschaftliches produziert, liegt allem Wissenschaftlichen und
> allem anderswie Produzierten voraus. Ich finde sie vor, wenn ich und solange ich
> lebe. So wird sie von mir erfahren; so ist sie mir bewußt" (Janssen 1976 zit. nach
> ebd., 145-146).

Mit dem Begeben in die natürliche Einstellung sieht Depraz in Anlehnung an Husserl einen Befreiungsakt vollzogen. Ein von uns forciertes Objekt kann durch die Veränderung der Einstellung sich nun selbst herausstellen, da es nicht mehr von Vorstellungen überlagert ist. Wir gelangen also auf eine andere Bewusstseinsebene (vgl. Depraz 2012, 137).

Nachdem ich den Prozess der ersten Epoché beschrieben habe, begebe ich mich zum nächsten Schritt der Epoché, dem Wechsel in die phänomenologische Einstellung.

Phänomenologische Reduktion und phänomenologische Einstellung

Von der natürlichen zur phänomenologischen Einstellung gelange ich durch die sogenannte phänomenologische Reduktion, welche einen wesentlichen Schritt in Husserls Phänomenologie darstellt, den ich im Folgenden ausführen werde.

Die Freilegung der natürlichen Welt geschieht zwar in der ersten Epoché, sodass eine Grundlage für die phänomenologische Einstellung gegeben ist, jedoch ermöglicht die phänomenologische Einstellung auch die erste Epoché. Denn um Ursprüngliches aufzudecken, d.h. die natürliche Welt zugänglich zu machen, benötigt es eine gewisse Distanz. Diese Weise der Reflexion, die zum Abstand verhilft, bezeichnet die phänomenologische Reduktion. An dieser Stelle sei Diemers Hinweis, Husserls methodische Schritte kämen teilweise wie ein „verworrenes Knäuel" (Diemer 1956, 35) daher, angeführt, denn die phänomenologische Reduktion ist in gewisser Weise auch schon Teil der ersten Epoché, da sie zur Aufdeckung der „Naivität" verhilft (vgl. Danner 2006, 146).

So wie wir durch Distanz und Reflexion von der theoretischen Welt zur natürlichen Einstellung gelangen, gelangen wir mithilfe der phänomenologischen Reduktion zur phänomenologischen Einstellung. In der phänomenologischen Reduktion wird nun noch ein Schritt zurückgegangen, um zu begreifen, *wie* wir uns zur Welt verhalten und „Welt" sich für uns konstituiert. Wir schauen uns unbeteiligt zu, um uns unserer „Denk-Erlebnisse" (Janssen 1976 zit. nach ebd.) bewusst zu werden. Nachdem also Normen und Regelgeleitetes losgelassen wurden, wird nun der von Fink beschriebene „naive Seins- oder Weltglaube" (Fink 1938 zit. nach ebd.) der natürlichen Welt ein-

geklammert. Für diesen Schritt ist es wesentlich zu beachten, dass die na-
türliche Welt immer noch Teil des Prozesses ist, denn lediglich die Perspektive ändert sich, sodass die natürliche Welt nicht verschwindet (vgl. ebd.).
In der phänomenologischen Einstellung wird also der Akt vollzogen, der den
Gegenstand der Phänomenologie ausmacht und Phänomene untersuchbar
werden lässt. Wir schauen uns weder den Gegenstand noch uns bzw. unser
Bewusstsein allein an, sondern die Intentionalität, d.h. die Entstehung des
Gegenstands in unserem Bewusstsein. Wie bereits in Kapitel 2.1.2 benannt,
können diese Geschehnisse im Denken, physisch Existierendem, Vorgestell-
tem, Erinnertem usw. entspringen (vgl. ebd., 147).
In der phänomenologischen Einstellung gelangen wir also zu den Phänomenen – wie sie in der Phänomenologie verstanden werden – selbst. Husserl
führt in seiner Nachlassschrift zu diesem Prozess aus: „Ich bin phänomeno-
logisierendes Ich geworden" (Husserl zit. nach Diemer 1956, 28).
An diese Ausführung anschließen möchte ich mit der Beschreibung des dritten Schritts in der Epoché Husserls.

**Phänomenologische Einstellung, eidetische Reduktion
und Wesensschau**

Im Folgenden werde ich das weitere Verfahren der Epoché erläutern, nachdem ich bereits zwei methodische Schritte angeführt habe.
Auf die Ebene der phänomenologischen Einstellung gelangen wir durch die
eidetische Reduktion und Wesensschau. In phänomenologischer Einstellung
kann das Wesen eines Phänomens herausgestellt werden, in dem die durch
die phänomenologische Reduktion begonnene Reflexion in der eidetischen
fortgeführt wird. Dieser Prozess ereignet sich auf derselben Ebene und verfestigt das transzendentale Moment (vgl. ebd., 147/ Depraz 2012, 141). Der
Begriff der eidetischen Reduktion beschreibt eine Reduktion, die auf das Wesen („Eidos") zurückführt und somit die Wesensschau einleitet (vgl. Danner
2006, 148). Depraz schreibt der eidetischen Reduktion die Aufgabe zu, erneut das Vorhandene der Welt zu hinterfragen, um in ein Gebiet vorzudring-
en, in dem wir die Vielzahl der Möglichkeiten eines Phänomens erfahren können. Damit ist gemeint, dass wir durch das Variieren von in der Realität Gegebenem zum Wesen des Gegebenen vordringen können. Hiermit deutet
sich kein mysteriöser Prozess an, sondern es geht hier vielmehr darum

„nüchterne und harte Reflexionsarbeit [zu leisten und] aktives, schöpferi-
sches Denken [zu vollziehen]" (ebd.). Durch die eidetische Reduktion entsteht ein Experimentierfeld der Variation, welches den Einzelfall zugunsten
pluralistischer Äußerungsformen loslässt und so zum Wesen gelangt (vgl.
Depraz 2012, 139-140/Danner 2006, 148). Das Wesen ist dann sozusagen
ein „Invariantes" (Depraz 2012, 140) und begründet den universalen und zugleich singulären Charakter der Phänomene (vgl. ebd. 2012, 141, 165). In-
variant kann hierbei von objektiver oder subjektiver Struktur sein (vgl. Danner
2006, 148). Nach Depraz ruft das Einbeziehen des Kontexts, in dem sich der
Gegenstand befindet, ein differenziertes strukturelles Ergebnis hervor (vgl.
Depraz 2012, 165). Für Husserl liegt im Wesen die konkrete und im Fakti-
schen die abstrakte Erscheinungsweise eines Phänomens. Letztlich wird
auch die Voreingenommenheit gegenüber einem Phänomen in der eidetischen Variation massiv aus dem Gleichgewicht gebracht (vgl. ebd.).
In der Wesensschau gelangt also die Konstante beispielsweise des Wesens
„Tisch" oder der Farbe „rot" durch permanentes Variieren zum Vorschein,
welche dann das phänomenale Phänomen darstellt. Das Phänomen wird in
der phänomenologischen Philosophie als die Ermöglichung der vielen Vari-
anten verstanden und stellt nicht wie auch schon bei der Einführung des phänomenologischen Phänomenbegriffs erläutert (s. Kap. 2.1.2) etwas Metaphy-
sisches aus dem Jenseits dar – etwa im Sinne Platons Idealismus' (vgl. Danner 2006, 149). Ungleich der Wesensphänomenologie endet das Vorhaben
in der Husserlschen Phänomenologie nicht bei der Erkenntnis der Strukturen
eines Wesens, sondern Husserl untersucht davon ausgehend weiter nach
den konstituierenden Strukturen transzendentaler Subjektivität (vgl. ebd.).
Diesen Vorgang möchte ich anschließend ausführen.

Transzendentale Reduktion und transzendentale Subjektivität
Nachdem ich drei methodische Schritte in der Epoché ausgeführt habe,
komme ich nun zu dem letzten methodischen Schritt in meiner vereinfachten
Darstellung der Phänomenologie Husserls.
Die transzendentale Reduktion stellt die letzte Reflexionsstufe der Epoché
dar und führt uns zur transzendentalen Subjektivität. Häufig wird die phänomenologische Reduktion auch mit der transzendentalen gleichgesetzt (vgl.

ebd.). In diesem Schritt manifestiert sich das Anliegen Husserls – das Aufzeigen der Konstitution von „Welt" durch das Zurückgehen auf ein Ich, das sowohl *vor* dem Bewusstsein im psychologischen Sinn also auch *vor* dem Bewusstsein des *unbeteiligten Zuschauers*, zu dem wir in der phänomenologischen Einstellung werden, liegt. In diesem Prozess wird deutlich, dass es letztlich in der Phänomenologie weniger um Bewusstsein im psychologischen als vielmehr um das sogenannte absolute transzendentale Bewusstsein geht (vgl. ebd., 136, 150). Diesem Vorgang ist nach Depraz insbesondere eine Erschütterung und konstruktive Verunsicherung der Weltgeltung immanent (vgl. Depraz 2012, 136, 141). Helmut Danner ergänzt, dass sich hier in der erkenntnistheoretischen Entstehung von „Welt" Subjektives und Objektives schlussendlich vereinen und so diese wiederum konstituieren, d.h. es fallen intentionale Gegenstände mit intentionalen Bewusstseinsakten zusammen (vgl. Danner 2006, 150-151). Fink erstellt schematisch drei Ich-Zustände, in dem er das Ich der natürlichen Einstellung von dem der phänomenologischen Einstellung und schließlich auch von dem *transzendentalen Ich* unterscheidet. Das transzendentale Ich stößt als einziges auf „Vorgegebenes" (ebd.), d.h. Phänomenales, welches die eidetische Reduktion zum Vorschein bringt. Da uns etwas Invariantes vorgegeben sein kann, schlussfolgern die Phänomenolog*innen, dass es ein grundlegendes Ich geben muss, das von anderer Art sein muss, d.h. transzendental ist (vgl. ebd.). Durch die verschiedenen Reduktionen wurde nun methodisch der Weg zur transzendentalen Subjektivität geebnet, die wiederum Welt konstituiert und somit auch eine Prämisse für die Vorgänge – erste Epoché, phänomenologische und eidetische Reduktion – darstellt.

Die Epoché ließe sich nun also auch rückwärts, d.h. von der transzendentalen Subjektivität aus nachvollziehen. Immer noch handelt es sich hier um Erkenntnisse, die sich auf den Menschen in seiner Lebenswelt beziehen und nicht von Jenseitigem ausgehen. In der Phänomenologie wird angenommen, dass der Mensch Teil der Welt ist und sich auch daher nur in der Untersuchung der Entstehung dieser erkennen kann (vgl. ebd./Zahavi 2007, 39).

Das Verfahren der Epoché, welches ich in dieser Studie nutze, möchte ich um Deprazs Ausführungen der Deskription ergänzen.

2.1.4 Deskription

Um die vorhergehend beschriebene Epoché praktisch umsetzen zu können bedarf es nach den Phänomenolg*innen mehr oder weniger der sogenannten Deskription, die ich im Folgenden erläutern werde.

Husserl selbst schon proklamierte, es ginge in der Phänomenologie darum, zu beschreiben und nicht zu erklären oder analysieren, denn so könne die „Sache selbst" zur Sprache kommen (vgl. Danner 2006, 170/Depraz 2012, 175). Danner erinnert an Heideggers Worte, der schrieb: „Das, was sich zeigt, wie es sich von ihm selbst her zeigt, von ihm selbst her sehen lassen" (Heidegger 1963 zit. nach Danner 2006, 170). Depraz ergänzt mit Wittgenstein, bestimmte Dinge seien nicht explizit thematisierbar, sondern nur im Verweis auf diese (vgl. Depraz 2012, 175). Phänomenologisches Arbeiten oder auch die Umsetzung der Epoché liegt für Natalie Depraz primär in der Beschreibung. Ein Phänomen lässt sich deskriptiv in vielfältiger interdisziplinärer Weise fassen d.h. beispielsweise naturwissenschaftlich, sprachtheoretisch, ethnografisch oder fotografisch (vgl. ebd., 15, 158, 166).

In dem Vorgang der Deskription sehen Diemer und Depraz in Anlehnung an Husserl nicht das Ziel eine klare abgesteckte vollständige Definition eines Gegenstands zu geben, sondern vielmehr ein Phänomen durch die Deskription in seiner Fülle erscheinen zu lassen (vgl. ebd., 160/Danner 2006, 170). Für diesen Vorgang stellt Diemer die sieben folgenden Forderungen auf. Erstens, das *schlichte Sein-lassen* und Beschreiben des Phänomens, wobei, zweitens, nur das *Phänomen fokussiert* werden soll. Dies soll, drittens und viertens, so *vorurteilsfrei* und *exakt* wie möglich gesehen und beschrieben werden. Fünftens und sechstens, soll die Deskription eines Phänomens so *einfach* und *vollständig* wie nur machbar vollzogen werden und siebtens, in den *Grenzen der Gegebenheit des Phänomens* bleiben (vgl. Danner 2006, 169-170). Für Natalie Depraz kommt es in der Beschreibung zu einem dynamischen Verhältnis von Erfahrung und Sprache, denn Sprache ist eine Form der Erfahrung und Erfahrung weist in ihrem Wesen auch einen expressiven sprachlichen Charakter auf. Merleau-Ponty versteht Sprache als eine Form autonomen Handelns, da erst in der Formulierung der Wörter der Sinn entstünde und distanziert sich somit von dem gebräuchlichen Instrumentalisieren von Sprache als Ausdruck des Denkens (vgl. Merleau-Ponty 2007, 57).

Depraz beschreibt Phänomenlog*innen als Praktiker*innen, denn sie sieht das Denken während der Deskription als Handlung, die sozusagen die Mühle des Erkennens antreibt. Das Denken gestalte sich hierbei stets durch die Reaktion auf das Begegnende von Neuem. Praktisch Arbeitende kommen in ihrem Prozess durch Unvoreingenommenheit und Offenheit in ihrem Tun voran – sind praktisch im Modus „fragenden Denken[s]" (Depraz 2012, 16) (vgl. ebd., 16, 23).

Das Geschriebene gilt es nach Depraz in der Phänomenologie vielmehr anzuschauen, als dass es darum ginge, den Text in seiner inneren Logik zu erfassen, d.h. exegetisch aufzufassen. Um philosophisch-phänomenologisch vorgehen zu können, soll also ein bestimmtes Textverständnis zugrunde liegen, welches den Text nicht als etwas Geschlossenes auffasst. Vielmehr sind phänomenologisch Tätige darauf angewiesen den Text durch Schilderung unserer Erfahrung lebendig werden zu lassen, denn „die im Text enthaltene Erfahrung zu *sehen* [Herv.i.O.], heißt eine Anschauung von ihr zu gewinnen (*intueri* [Herv.i.O.]=sehen) und aus dieser inneren Evidenz (*videre* [Herv.i.O.]=sehen) das einzige Kriterium der Gültigkeit der nachvollziehenden philosophischen Aussage zu machen" (ebd., 14). Erfahrung sei hier im Sinne Merleau-Pontys verstanden, d.h. als „Öffnung zu einer Welt, die sich mitunter aufdrängt und fungierenden Erwartungen in die Quere kommen kann" (Meyer-Drawe 2008, 189 zit. nach Matt-Windel 2014a, 124).

Das Maß der Lebendigkeit eines Textes sieht Depraz in dem Ausmaß der Möglichkeit des Vollzugs des Inhalts gegeben. Für sie soll das, was gelesen oder geschrieben wurde, zugleich ausgeführt werden. Keine Beschreibung sei möglich, ohne in gewisser Weise in das Beschriebene involviert zu sein und so entsteht die Aufgabe, die Weise der Beschreibung der Art des Gegenstands auszurichten (vgl. Depraz 2012, 14-15, 22, 181-182).

> „Mit diesem, aus der Phänomenologie kommenden Konzept, stellen sich Fragen nach dem ‚wie'. Es ist die Frage nach der Gangart und dem Weg und all dem, was ich auf diesem Weg des Erfahrens und Lernens sehe, höre, fühle, taste, denke und was sich leiblich einschreibt" (Matt-Windel/Muth/Peter 2013, 49).

Mit diesem Zitat möchte ich zum zweiten methodischen Teil der Studie überleiten, welchen ich dem Konzept der Performativität widme.

2.2 Performativität

Der methodologische Schwerpunkt dieser Studie liegt in der phänomenologischen Arbeitsweise, die ich im Vorangegangen dargestellt habe. Nun gehe ich über zu der Erläuterung der Ergänzung der zweiten methodischen Strategie – der *Performativität*.

Das möchte ich beginnend auf der Ebene einer Haltung tun, die ich mit Susanna Matt-Windels Worten als „Nicht-Haltung" (Matt-Windel 2014b, 106) definiere. In Anlehnung an Levinas Subjektbegriff, den er in den 1960er Jahren in seinem ersten Hauptwerk *Totalität und Unendlichkeit* entwickelt, beschreibt Matt-Windel eine Haltung, die die Perspektive des Anderen zum Ausgangspunkt macht. Nach Levinas sind wir als Subjekte permanent sogenannten Ansprüchen des Fremden ausgesetzt und aufgrund unserer Autonomie zur Antwort verpflichtet, jedoch als immer schon bereits Angesprochene (vgl. ebd., 108). Meine Haltung des „Antwortgeben[s] für den Anderen, ohne irgendeine ‚Haltung einzunehmen'" (Levinas 1998 zit. nach ebd., 101-102) erachte ich als performatives Vorgehen.

Das Konzept der Performativität möchte ich mit den Worten Wulfs, Göhlichs und Zirfas' einleiten:

> „Praktisches Wissen ist performativ; es ist körperlich, ludisch, rituell und zugleich historisch, kulturell; performatives Wissen bildet sich in face-to-face Situationen und ist semantisch nicht eindeutig; es ist ästhetisch und entsteht in mimetischen Prozessen; performatives Wissen hat imaginäre Komponenten, enthält einen Bedeutungsüberschuss und lässt sich nicht auf Intentionalität reduzieren; es artikuliert sich in Inszenierungen und Aufführungen des alltäglichen Lebens, der Literatur und der Kunst" (Wulf/Göhlich/Zirfas (Hrsg.) 2001, 13).

Wulf, Göhlich und Zirfas beschreiben das *Konzept der Performativität* als eines, welches Theorien sozialen Handelns und Wissens vereint. Den Ansätzen ist die Annahme gemein, dem Sprechen, Handeln oder auch künstlerischen Tun liege eine performative Struktur zugrunde, weswegen es über die kognitiven Anteile des Menschen hinausginge. Das Konzept entfaltet sich sozusagen interdisziplinär, d.h. erhält Einzug in die Kultur-, Theater-, Literaturwissenschaften sowie die Sozial- und Erziehungswissenschaft[17] (vgl.

---

[17] Für eine überblicksartige Darstellung s. Hempfer, Klaus W./Volbers, Jörg (2011): Theorien des Performativen. Sprache – Wissen – Praxis. Eine kritische Bestandsaufnahme. Bielefeld: Transcript.

Wulf/Göhlich/Zirfas (Hrsg.) 2001, 13-14/Matt-Windel 2014a, 130/ Pfeiffer 2012, o.s/Schmidt 2013, o.s.). Pfeiffer führt hierzu in Anlehnung an George an, Performativität sei eine alternative Betrachtungsweise im Sinne des auf die Weise des „Vollzuggerichtetseins" und kein neues Phänomen (vgl. Pfeiffer 2012, o.S.).

Aus einer performativen Perspektive können wir also fragen, *wie* sich menschliches Handeln in seinem kulturell-historischen Kontext verwirklicht, was den sogenannten *modus operandi* in unser Blickfeld gelangen lässt (vgl. Wulf/Göhlich/Zirfas (Hrsg.) 2001, 9). Das hat zur Konsequenz, dass sich auch die Forschungspraxis verändern muss, d.h. wissenschaftliches Erkenntnisinteresse sich vielmehr qualitativen Kriterien bedienen und am Einzelfall als an quantitativen Parametern orientieren muss, womit die qualitative Forschung angesprochen ist (vgl. Pfeiffer 2012, o.S.).

Nachdem ich in die das Konzept des Performativen eingeleitet habe, gehe ich über zur Entwicklung der Performativität.

2.2.1 Entwicklung

Im Folgenden führe ich die Entwicklung der Performativität aus, um daraufhin eine definitorische Begriffsabgrenzung vorzunehmen.

Die Sprechakttheorie Austins, die Gendertheorie Butlers und die Performancekunst werden als drei wesentliche Anstöße für das Konzept der Performativität angesehen (vgl. Roselt 2008, 24/Sabisch 2007, 64-65). Im Folgenden sollen diese drei Impulse als Eckpfeiler für das Skizzieren der Entwicklung des Performativitätskonzepts dienen.

1955 führte der Sprachphilosoph John L. Austin den Begriff „performativ" in einer seiner Vorlesungen der Vortragsreihe *How to do things with words* an der Harvard University ein, was die Erweiterung der Linguistik um die Sprechakttheorie zur Folge hatte.[18] Austin leitete den Begriff von „to perform", d.h. dem Verb „vollziehen" ab, um eine Bezeichnung zu finden, die es auszudrücken vermag, wenn eine Aussage, eine Handlung impliziert. Dies ist beispielsweise bei den Worten des Priesters bei einer Taufe eines Kindes der Fall, wenn es heißt „Hiermit taufe ich dich auf den Namen..." (vgl. Fischer-

---

[18] Siehe hierzu auch die dt. von Eike von Savigny bearb. Publikation: Austin, John L. (2002): Zur Theorie der Sprachakte. Stuttgart: Reclam.

Lichte 2004, 31-32/Roselt 2008, 24). Austin unterschied diese Ausdrucks-
weise zunächst von sogenannten konstativen Aussagen, die lediglich zur
Feststellung von Tatsachen und nicht zur Handlungsausführung dienen sollten, um diese Unterscheidung als letztlich nicht haltbar zu erachten und vielmehr eine Dreiteilung einzuführen. So wurde der Sprechakt von Austin in die
lokutionäre (der Sprechakt an sich), illokutionäre (die dadurch vollzogene
Handlung, z.B. die Taufe) und prelokutionäre (Konsequenzen des Sprechens, z.B. das Kind, das nun getauft ist) Ebene unterteilt (vgl. Schmidt 2013,
o.S./Roselt 2008, 26-27). Bei einer performativen Aussage ist also immer
auch eine Veränderung der Welt mitzudenken (vgl. Fischer-Lichte 2004, 32).
Von einer sprachphilosophischen auf eine kulturphilosophische Ebene wurde
der Begriff des Performativen in den 90er Jahren vor allem auch durch einen
Aufsatz der Philosophin Judith Butlers[19] gehoben, der eine Gendertheorie
konstituierte. Nach Butler performen wir Geschlecht und Identität durch die
Wiederholung von Handlungen, die kulturellen „gewalttätigen" Normen einer
Gemeinschaft unterliegen. Gewalttätig drückt hier die Macht der Gesellschaft
auf ihre eigene Konstituierung aus (vgl. ebd., 36-37, 39). Es vollzieht sich hier
unter dem Deckmantel des Performativen also ein Paradigmenwechsel,
denn nach Butler ist Identität nicht Prämisse, sondern Ergebnis des Handelns
und verfestigt sich in der Wiederholung der Akte (vgl. Roselt 2008, 29-30).
Das Konzept der Performativität wendet Butler also nicht mehr nur auf
sprachliche, sondern auch auf körperliche Äußerungen an (vgl. Pfeiffer 2012,
o.S./Fischer-Lichte 2004, 37).
Doch nicht nur der Begriff „performativ", sondern auch seine Substantivie-
rung, d.h. der Begriff der Performance/Performanz wurde in der zweiten
Hälfte des 20. Jahrhunderts inflationär verwendet (vgl. Pfeiffer 2012, o.S.).
Im Ursprung bezeichnete dieser die Aktionen der Performance Kunst, die
Einzug in die sich in den 1960er Jahren formierende Aktionskunst fand –
dazu gehören auch Body-Art, Happening, Live-Art, Fluxus-Bewegung, Living
Sculpture. Hierbei bezeichnet Performance Kunst, die ein vielfältiges Feld
künstlerischer Praktiken darstellt und sich im wechselseitigen Austausch mit

---

[19] Butler, Judith (1990): Performing Acts and Gender Constitution: An Essay in Pheno-
menolgy and Feminist Theory. in: Case, Sue-Ellen (eds.): Performing Feminism. Feminist
Critical Theory and Theatre. Baltimore/London: John Hopkins University Press, pp. 270-
282.

den anderen Formen der Aktionskunst befindet, künstlerische Arbeiten, die im Moment des Handelns bestehen und sich somit dem traditionellen Werkbegriff eines käuflichen Werks entziehen. So fallen bei der Performance Werk und Prozess zusammen und auch das Publikum erlangt ein anderes Verhältnis zum Werk, in dem es zur Konstitutionsbedingung also zum Teil des Werkes wird (vgl. ebd./Roselt 2008, 32-33). Auch im Theater sieht Erika Fischer-Lichte seit den 1960er Jahren die referentielle Ebene, d.h. die zeichenhafte Darstellung, die auf etwas anderes verweist, durch die performative, also die auf konkrete Handlungsausführungen von Darstellenden und Zuschauenden begründete Ebene, ins Abseits gedrängt. Diesen Umstand bezeichnet der Theaterwissenschaftler Lehmann in den 1990er Jahren als *Postdramatisches Theater.*[20] Die Grenzen zwischen den Künsten unter sich und Kunst und Alltag werden hiermit verwischt und radikal neu definiert (vgl. Pfeiffer 2012, o.S.).

Diese Bewegung aus den Bildenden Künsten deutet einen Umbruch in der jüngeren Kultur- und Theaterwissenschaft an, der sich mit der Formulierung der *performativen Wende* oder des *performative turn* beschreiben lässt und sich in den 1990er Jahren vollzieht (vgl. Roselt 2008, 23). Dieser stellt gemeinsam mit dem *linguistic turn*, der sich größtenteils in den 1970er Jahren vollzieht, den sogenannten *cultural turn* dar. Das Konzept der Performativität ergänzt die Metapher „Kultur als Text" (Fischer-Licht 2004, 36) um die der „Kultur als Performance" (ebd.). Ein kulturell textuelles Verständnis orientiert sich vielmehr daran Sinnzusammenhänge von Handlungen, Ritualen, Bildern einer Kultur zu verstehen als dass es – wie die performative Perspektive – in den Blick nimmt mit welcher Dynamik eine kulturelle Ordnung hergestellt wird. Ein performatives Forschen der Kultur nimmt in Augenschein, welche Praktiken, welche Konsequenzen hervorrufen, wie sie sich halten etc. Volbers versteht den textbasierten Kulturbegriff also weiterhin als Bestandteil der performativen Forschungsperspektive (vgl. Volbers 2014, 15-17).

Diverse Theorien der Performance sind seit den 1960er/-70er Jahren auch aus den Sozialwissenschaften hervorgegangen. In den Kulturwissenschaften ist der Begriff der Performance aufgrund der zahlreichen Zuschreibungen

---

[20] Vgl.: Lehmann, Hans-Thies (1999): Postdramatisches Theater. Frankfurt am Main: Verlag der Autoren.

und Entwicklungen zu einem sogenannten *umbrella term* avanciert (vgl. Fischer-Lichte 2004, 41-42).[21] Aufgrund der Diversität wird Performance mittlerweile nicht selten als ein fragwürdiges Konzept angesehen. Carlson bezeichnet es als „an essentially contested concept" (Carlson 1996 zit. nach ebd.).

2.2.2 Definition

Zur Definition des Konzepts der Performativität gilt es die unterschiedlichen Begriffe: Performance und Performativität/performativ zu differenzieren.

Auf etymologischer Ebene finden wir die Stammwörter „per", „forma", „formare" und „formatio" vor. Die Vorsilbe „per" bedeutet so viel wie „durch und durch". „forma" bedeutet unter anderem, „Gestalt" oder „Beschaffenheit", „formare" dementsprechend „gestalten" und „formatio" „Gestaltung" (vgl. Wulf/Göhlich/Zirfas 2001, 10). Britta Hoffarth definiert Performativität als die Tatsache oder Bedingungsfaktor des Dargestellt-Werdens und Performance als die Ausführung bzw. das Dargestellte (vgl. Hoffarth 2009, 24). „Performativ" anthropologisch verwendet unterstreicht die konstitutive Dimension von sozialem Handeln (vgl. Wulf/Göhlich/Zirfas 2001, 12).

Die eingehende Betrachtung der Begriffe beginne ich mit dem Begriff der Performance. Dieser ist, wie bereits in dem vorangegangenen Kapitel angedeutet, längst nicht mehr nur in den Kulturwissenschaften zu verorten, sondern hat sich seinen Weg in den Alltag gebahnt, sodass mittlerweile beispielsweise auch Aktienkurse, Teilnehmende an Casting-Shows, Sportler*innen oder Manager*innen inzwischen Performances abliefern (vgl. Pfeiffer 2012, o.S.). Jens Roselt definiert Performance allgemein als Begriff, der etwas bezeichnet, was vollzogen wird und in seiner Spezifität nicht durch statische Parameter beschreibbar ist, sondern dynamisch erfahren werden

---

[21] Die Entwicklung wird nicht selten kritisch gesehen wie beispielsweise von dem Soziologen Dell Hymes. In den Kulturwissenschaften untersucht Ingrid Hentschel den Einfluss der Performancekunst auf das Theater und führt damit einhergehend nicht als Einzige die Formulierung einer „Entkunstung' der Kunst" (Hentschel 2016, 238) an, um schließlich daran zu erinnern, die Performancekunst vielmehr gezielt im Sinne des *deep play* (Ackermann 1999/Geertz 2002) einzusetzen und nicht als Legitimation der willkürlichen Vermischung von Kunst und Alltag, was das Theater letztlich um seine Qualität beraube (vgl. Hentschel 2016, 231-251). S. auch Seitz 2008, 36.

müsse, wobei die Weise der Erfahrung nach Roselt hier radikalisiert werden würde. So erschließt sich eine Performance nach ihm nur in Anwesenheit und nicht durch bloße Kenntnis der Konstitutionsprinzipien (vgl. Roselt 2008, 32, 35, 38). Im Englischen bedeutet das verdeutschte Wort „Performance" „Aufführung", welche Erika Fischer-Lichte als einen strukturierten Ablauf von Aktionen, welche zu einem bestimmten Zeitpunkt von einer Gruppe für eine andere ausgeführt werden, beschreibt. Es ist also „always a performance for someone, some audiences that recognizes and validates it as performance" (Carlson 1996 zit. nach Roselt 2008, 32) (vgl. Fischer-Lichte 2003, 15/Roselt 2008, 32-33). Fischer-Lichte sieht im Moment der Performance eine bestimmte Art und Weise des In-der-Welt-seins gegeben, d.h. Körper- und Raumwahrnehmung sowie Zeiterleben und Materialität bekommen eine spezifische Qualität. Theater definiert Fischer-Lichte daher als performative Kunst „par excellence" (Fischer-Lichte 1998, 22) (vgl. ebd., 22-23).

Auch der Begriff der Performativität ist ein sehr weit gefasster interdisziplinärer Begriff, der sich Ende des 20. Jahrhunderts und zu Beginn dieses Jahrhunderts entfaltete. In der Sozialwissenschaft unterscheidet er sich von dem der Performance (hier der konkrete Vollzug von Handlungen), in dem er vielmehr auf Strukturen von Handlungen abzielt, wie es auch Hoffrath andeutet. In den Kulturwissenschaften ist Performativität seit den 1990er Jahren Teil diverser wissenschaftlicher Untersuchungen. So steht er bei Christoph Wulf im Kontext alltäglicher Rituale sozialen Handelns (vgl. Pfeiffer 2012, o.S.). Fischer-Lichte sieht mit der Thematisierung von Performativität in Bezug auf Aufführungen drei Dimensionen angesprochen, d.h. erstens die Materialität, zweitens die Beziehung zwischen agierenden und zuschauenden Personen und drittens die Prozesse, die durch die Verwendung des Materials in dem jeweiligen Kontext entstehen (vgl. Fischer-Lichte 2003, 16).

Nachdem ich versucht habe die Begriffe „Performance" und „Performativität" voneinander abzugrenzen, möchte ich herausarbeiten, was Charakteristika performativen Handelns sind.

Sowohl bei Austin als auch bei Butler besteht ein wesentliches Merkmal performativen Sprechens und Handelns darin, dass es selbstreferentiell ist, d.h. zunächst auf nichts anderes hinweist als auf das, was ausgesprochen/ -geführt wird. Sein und Bedeutung gehen hier also eine Verbindung ein. So wird soziale Wirklichkeit generiert, womit ein weiteres Merkmal angesprochen ist, denn performatives Handeln ist wirklichkeitskonstituierend. Außerdem ginge in dem wir wahrnehmen, was wir wahrnehmen aus dem performativen Prozess nach Fischer-Lichte, etwas qualitativ neues Bedeutendes hervor: Bedeutung wird also zum Ereignis. Bedeutung ist im performativen Prozess nicht als symbolisch für etwas zu verstehen – die selbstreferentielle Ebene bleibt erhalten (vgl. Fischer-Lichte 2004, 32, 37-38/Fischer-Lichte 2003, 27, 29, 30). Während nach Austin performatives Handeln nur gelingen oder misslingen (z.b. im Sinne einer anwesenden Verwandtschaft bei der Taufe) und nicht wahr oder falsch sein kann, fragt Butler vielmehr nach historisch-kulturellen (Verkörperungs-)Bedingungen für zum Beispiel die Konstitution von Geschlecht bzw. wiederholte Performance dessen (vgl. Roselt 2008, 24-25/Fischer-Lichte 2004, 38). Verstehen wir Gesellschaft und Kultur als Resultat unseres performativen Handelns, nimmt die Wiederholung einen bedeutsamen Stellenwert ein. So führe nach Wulf trotz Bezugnahme auf Vorangegangenes eine Handlung nie zum selben Ergebnis, sondern stellt immer eine Nachahmung dar – ist also mimetisch (vgl. Wulf/Göhlich/ Zirfas 2001, 13). Butler und Austin begreifen den performativen Akt als „ritualisierte öffentliche Aufführung" (Fischer-Lichte 2004, 41) und so schlussfolgert Fischer-Lichte, Performativität zeige sich in der Performance bzw. stelle den Aufführungscharakter dar (vgl. ebd.). In der Dynamik des Performativen sieht Austin Prozesse gegeben, die Dichotomien auflösen, d.h. z.B. Handlung und Aussage werden eins oder im Theater fallen Signifikant und Signifikat zusammen (vgl. ebd., 33-34, 38).

Nicht zuletzt möchte ich auf ein Spezifikum des Performativen aufmerksam machen, welches für diese Studie wesentlich ist. So geht mit der Ausführung performativen Handelns immer auch ein politisches Versprechen einher, denn „genau darin, dass der Sprechakt eine nicht-konventionelle Bedeutung annehmen kann, dass er in einem Kontext funktionieren kann, zu dem er nicht gehört, liegt das politische Versprechen der performativen Äußerung" (Butler 2006, 252). Dies sei erklärt mit dem selbstreferentiellen Charakter performativen Handelns, denn gerade dadurch, dass das Handeln nichts anderes bedeutet, kann ein Spiel mit Zuschreibungen und Gewissheiten stattfinden. Wulf und Zirfas führen in diesem Zusammenhang in Anlehnung an Butlers Gendertheorie die Möglichkeit an, Normen und Regeln außer Kraft zu setzen, in dem performativ „neu" gehandelt und Kultur nicht bestätigt wird.

Fischer-Lichte sieht in der Performance neue Arten von Wahrnehmung in den Fokus gerückt, sodass Wahrnehmung selbst zu einem performativen Prozess werden kann (vgl. Fischer-Lichte 1998, 19/Fischer-Lichte 2003, 22/ Pfeiffer 2012, o.S.). So können sich nach Jens Roselt Haltungen und Widersprüche als Produkt einer Performance formieren (vgl. Roselt 2008, 38). Malte Pfeiffer erinnert in diesem Zusammenhang daran, dass das Widerständige auch Entstehungsmerkmal der Aktionskunst in den 1960er Jahren in den Bildenden Künsten war (vgl. Pfeiffer 2012, o.S.).

Im Anschluss möchte ich bevor ich zur Beschreibung der konkreten Umsetzung performativer Strategien komme, in das gerade entstehende methodisch nah verwandte Forschungsfeld der performative research Einblick geben.

2.2.3 performative research

Im Folgenden reiße ich *performative research* als Forschungsmethode an. Obwohl ich in dieser Studie vordergründig phänomenologisch forsche, möchte ich einen kurzen Einblick in das Feld des performativen Forschens geben, da die performative Haltung Bestandteil dieser wissenschaftlichen Untersuchung ist und eine Tendenz zur Methode des performative research aufzeigen mag. Außerdem kann ich die performative Wende, die ich in dem Unterkapitel 2.2.1 thematisiert habe, so anhand der Forschung veranschaulichen.

Die performative Wende in den Geistes- und Sozialwissenschaften kann als Ursprung der *performative research* angesehen werden. Der Begriff wird jedoch nicht einheitlich und eher diffus verwendet. Einige verwenden ihn im Zusammenhang mit künstlerischer Forschung, d.h. *artistic research*. Andere lokalisieren ihn nach dem Prinzip des *practice-led* als repräsentatives und nicht diskursives Forschungsverfahren. Wieder andere verstehen sich als performativ forschend im Sinne einer allgemeinen *performative social science* und nicht zuletzt verstehen sich einige Theaterproduktionen als Forschung in diesem Sinne. Seitz sieht im performativen Forschen im Sinne der Gegenstandsangemessenheit unter anderem eine Möglichkeit gegeben, ästhetische Prozesse zu erforschen, in dem diese eben selbst zur Forschungs-

methode werden (vgl. Seitz 2012, o.S./Seitz 2008, 40). Gegenstand der performative research ist daher ein Wissen, welches sich beispielsweise singulär, kontextbezogen, unverfügbar, widersprüchlich, implizit und in Zwischen-
räumen[22] äußert. Der amerikanische Anthpropologe Csordas verwendet für
diese Form von Wissen den Begriff des *embodied knowledge* (vgl. ebd., 39).
Obwohl es in der qualitativen Forschung Tendenzen zur Umsetzung des Performativitätskonzepts gibt (z.b. Grounded-Theory/Dichte Beschreibung) erachten Diaz Bone und Hanne Seitz die endgültige Akzeptanz dieses For-
schungsparadigmas neben dem der Objektivität empirischer Forschung als
noch nicht gegeben (vgl. Bone 2011, 305/Seitz 2012, o.S.). Borgdorff konstatiert daran anknüpfend, künstlerische Forschung stünde erst am Anfang
ihrer „akademischen Karriere" (Borgdorff 2007, 75) und ereigne sich meist
isoliert vom Rest der universitären Welt an Kunsthochschulen (vgl. ebd.).
Doch es herrscht eine Bewegung, die das Fehlen von Wiederholbarkeit, Ge-
neralisierung und Verlässlichkeit performativer Handlungsforschung als
Stärke und beachtliche Qualität ansieht, was sich in dem Versuch, performative research neben quantitativen und qualitativen Verfahren als drittes For-
schungsparadigma innerhalb der practice-led research zu etablieren, äußern
mag (vgl. ebd., 80/ Seitz 2008, 39). Nachdem ich performative research als
Forschungsmethode angerissen habe, fahre ich fort mit einem konkreten methodischen Bestandteil der Studie, der eine performative Strategie darstellt
und den ich neben Husserls Epoché anwende.

2.2.4 Werktagebuch/Erinnerungsprotokoll

Die Ausführungen zum Performativen möchte ich mit der Beschreibung des
Werktagebuchs bzw. Erinnerungsprotokolls methodisch konkret werden lassen.
Die performative Strategie, die ich in dieser Studie anwende, manifestiert
sich konkret bzw. wird dokumentiert in der Form des Werktagebuchs und den
hier geschriebenen Kapiteln zu den Konzeptionen von Responsivität. Diese

---

[22] S. hierzu Seitz, Hanne (1996): Räume im Dazwischen. Bewegung, Spiel und Inszenierung im Kontext ästhetischer Theorie und Praxis. Grundlegung einer Bewegungsästhetik.
Essen: Klartext.

Form entnehme ich Thielickes Konzept theaterpädagogischer Aufführungs-rezeption, welches sie *Antworten auf Aufführungen*[23] nennt und auf der Grundlage Bernhard Waldenfels' responsiver Phänomenologie, die den Ge-genstand dieser Studie darstellt, konzipiert.

Abbildung 3: Antworten auf Aufführungen, (Thielicke 2016, 109).

Thielicke bediente sich zur Erstellung ihres Konzepts der Methode der *kar-tierenden Auseinandersetzung*[24] nach Christine Heil. Studierende schreiben in Thielickes Konzept ihre Wahrnehmungen, Erfahrungen und Deutungen vor, während und nach einer Theateraufführung nieder. Die Form des Werk-tagebuchs wird häufig in pädagogischen Settings eingesetzt. Der Begriff „Werk" verdeutlicht hier, dass Aufzeichnungen als ein ästhetischer, perfor-mativ-kreativer und kognitiver Akt zu verstehen sind. Das Tagebuch dient der Erinnerung und Ordnung der Gedanken bezogen auf das Gelesene (vgl. Thielicke 2016, 118).

Mir ist bewusst, dass ich das Kriterium der Spontanität und Plötzlichkeit des Antwortens bei Waldenfels in diesem Format nur begrenzt umsetzen kann,

---

[23] Zur ausführlichen Darstellung der Methode vgl.: Thielicke, Virginia (2016): Antworten auf Aufführungen. Ein erfahrungsorientiertes Rezeptionsverfahren für die Theaterpäda-gogik. München: Kopaed.

[24] Vgl. Heil, Christine (2007): Kartierende Auseinandersetzung mit aktueller Kunst. Erfin-den und Erforschen von Vermittlungssituationen. München: Kopaed.

da ich die Aufzeichnungen plane, jedoch kann ich beispielsweise notieren, welche „Ansprüche" der Texte mich irritieren, verwundern, mir paradox erscheinen, mich schlagartig treffen usw., d.h. versuchen mich performativ-responsiv zu verhalten. Phänomenologisch weitergesprochen, lese ich die Textpassagen in einer Haltung des sogenannten *Gewahrseins*[25], weswegen das Erinnerungsprotokoll auch als Gewahrseinsprotokoll bezeichnet werden kann (vgl. Matt-Windel 2010, 62). Der Gewahrseinsprozess wird also durch das Niederschreiben festgehalten, womit die Subjektgebundenheit in der wissenschaftlichen Untersuchung nicht verleugnet wird, jedoch auch keine narzisstische Selbstbezogenheit gemeint ist (vgl. Matt-Windel 2014a, 60-61). Vielmehr geht es in meinem Gewahrseins- und Erinnerungsprotokoll um eine „,wissenschaftlich[e] Reflexivität', die ,auf Verfeinerung und Verstärkung der Erkenntnismittel gerichtet' ist" (Dausien 2007 zit. nach ebd., 62). Der Begriff des Tagebuchs ist also auch nicht misszuverstehen als Dokumentation meiner persönlichen emotionalen Verfassung, sondern soll vielmehr Erlebnisse erkennenden Denkens festhalten (vgl. Danner 2006, 139-140).

Nach Sabisch besteht in diesem Vorgehen, d.h. in der Umwandlung des wovon ich getroffen wurde zur Antwort ein ästhetischer (Bildungs-)Prozess (vgl. Sabisch 2007, 71). Meine Aufzeichnungen sind demnach Forschungsinstrument und -gegenstand zugleich, womit der performative Charakter dieser Studie nochmals betont wäre.

Abschließen möchte die konkrete Beschreibung Thielickes Konzept, das eine Ergänzung der Epoché darstellt, mit den Worten Waldenfels':

„Zwischen dem Wovon der Affektion und dem Worauf der Responsion, zwischen dem, was *mir* [Herv.i.O.] widerfährt, und dem, was *ich* [Herv.i.O.] zur Antwort gebe, geschieht etwas, das sich weder der einen noch der anderen Dimension zuordnen läßt. Was hier geschieht, ist genau die Umwandlung des Wovon in ein Worauf, die Umwandlung des erleidenden in ein antwortendes Selbst. Diese Umwandlung beschränkt sich nicht auf eine einmalige Genese der Dinge und des Selbst, sondern

---

[25] Das Konzept des Gewahrseins stammt aus dem Gestalt-Ansatz, der von Fritz und Laura Perls begründet wurde. Die Wahrnehmung ereignet sich hier weniger partiell als vielmehr verstreut, d.h. sich auf Strukturen und Zusammenhänge richtend. Es dient als Instrument der Wahrnehmung von Emotionen, Bedürfnissen, Urteilen und Erwartungen und vollzieht sich intentional, d.h. sozusagen sich auf etwas richtend (vgl. Matt-Windel 2014a, 63-64).

sie geschieht immer wieder, wenn wir neue Erfahrungen machen und nicht nur fertige Erfahrungen wiederholen" (Waldenfels 2002, 102-103).

Nachdem ich die Konzepte der Phänomenologie und Performativität beleuchtet habe, gehe ich nun über zu der Zusammenführung der methodischen Strategien dieser Studie.

2.3 Zusammenführung

An dieser Stelle möchte ich das methodische Vorgehen dieser Studie, welches aus der Kombination phänomenologischer und performativer Strategien besteht, erläutern. In dem ich Auskunft darüber gebe, wann ich welchen Schritt vollziehen werde bzw. vollzogen habe, führe ich die beiden methodologischen Konzepte zusammen.[26]

Die Kapitel 1 bis inklusive 3, d.h. Einleitung, Methodologie und Waldenfels Responsivität stellen für mich die theoretische Welt dar. Durch das Verfassen von nahezu mimetischen Schriften im Rahmen des Werktagebuchs (s. Anhang 8.1), welches ich von Thielickes Konzept etwas abwandle, vollziehe ich dann mimetisch-performativ die erste Epoché, d.h. ich löse mich langsam von Vorannahmen und komme zu einer natürlichen Einstellung. Das Werktagebuch entsteht nach dem erstmaligen Lesen des Textes, was dem erstmaligen Besuch einer Aufführung entspricht, welches Thielicke von ihren Studierenden „fordert". Ein zweites Lesen – der zweite Besuch der Aufführung – manifestiert sich im Niederschreiben der Erinnerungs-/Gewahrseinsprotokolle. Während Studierende in Thielickes Konzept ihre Wahrnehmungen, Erfahrungen und Deutungen vor, während und nach einer Theateraufführung niederschreiben, notiere ich diese in Bezug auf die gelesenen Texte von Waldenfels, Mersch und Seel, deren Konzeptionen von Responsivität ich in dieser Studie untersuche. Davon ausgehend werde ich die Kapitel 4.1 bis 4.3 zu den jeweiligen Konzeptionen von Responsivität verfassen (im Sinne Sabischs definiere ich das als performative Aktion, d.h. mediale Übersetzung[27]), um dann in der Zusammenfassung (Kapitel 4.4) die Reflexion mei-

---

[26] Die Abbildung 4 mag diesen Prozess graphisch veranschaulichen.

[27] Das Verständnis des Schreibens als performativen Prozess formierte sich ausgehend von der bekannten Essaysammlung *writing culture* James Cliffords in den 1980er Jahren (vgl. Sabisch 2007, 65).

nes Antwortprozesses anhand der Erinnerungsprotokolle, welche den gesamten Prozess dokumentieren, zu vollziehen (vgl. Thielicke 2016, 12). Dieser Prozess greift ineinander mit dem der eidetischen Reduktion, die die Kapitel 4.1 bis 4.3 darstellen. In Kapitel 4.4. gelange ich dann auf die „Ebene der Wesensschau". Die Fremdreflexion der Erinnerungsprotokolle, die ein methodischer Teil Andrea Thielickes Konzept ist, überlasse ich den Leser*innen dieser Studie. Um nicht mit einer der Phänomenologie gegenläufigen Bewegungen, d.h. der des Konstruktivismus zu arbeiten, verzichte ich auf die Auswertungsmethode Thielickes Konzept, die in der dokumentarischen Methode Bohnsacks aus der qualitativen Sozialforschung besteht. Die transzendentale Subjektivität suche ich in meinem Fazit auf, in dem ich versuche eine grundlegende Konstitution von „Ich" und „Welt" zu finden. Von diesem Punkt aus könnte/müsste ich auf der Ebene des Bewusstseins auch wieder zu der Einleitung dieser Studie, d.h. in die Lebenswelt, gelangen können.

Abschließen möchte ich den methodischen Teil der Studie mit einer erstellten Graphik, in der ich phänomenologische und responsiv-performative Konzepte umeinander ergänzt habe.

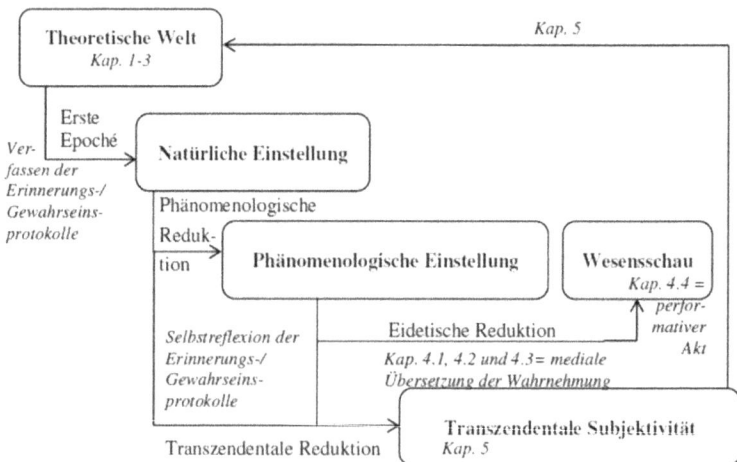

Abbildung 4: Zusammenführung phänomenologischer und performativer Strategien.

3 Waldenfels' Phänomenologie des Fremden

Nachdem ich in die Methode eingeführt habe, möchte ich nun – phänomenologisch gesehen bleibe ich in diesem Teil der Studie noch in der theoretischen Welt – in die Thematik dieser Studie einführen. Der Gegenstand dieser
Studie, d.h. Responsivität, ist theoretischer Bestandteil der Phänomenologie
des Fremden Waldenfels' (vgl. Woo 2007, 31).
Waldenfels erachtet die Autonomie des Subjekts und die Thematik der Vernunft als die beiden fundamentalen Motive der modernen Gesellschaft (vgl.
Waldenfels 2008, 363). Das Ausgehen von einer übergeordneten Vernunft,
d.h. sozusagen einem allgemein geteilten Konsens, ermögliche es, Phänomene wie das Fremde zu kategorisieren. Fremdes wird so einordbar – eben
als Abweichung des Konsens, der Regel, der Ordnung (vgl. Westphal 2014,
129). Westphal führt hier beispielhaft den schulischen Kontext an, in dem die
Störung des Unterrichts als Unterbrechung des Unterrichtsablaufs definiert
und durch Anpassung bzw. Ausmerzung vermieden werden kann (vgl. ebd.,
134). Nach Waldenfels kann diese vermeintliche Aneignung des Fremden
durch das Eigene und das Gemeinsame vollzogen werden. Im Eigenen herrsche die Tendenz das Fremde als Differenzierung des Eigenen zu erachten
und somit anzugleichen und im Allgemeinen geschehe die Einebnung des
Fremden durch Unterwerfung allgemeiner Regeln. Hier empfindet Waldenfels Recht und Gesetz als Regularien moderner westlicher Ordnungen (vgl.
Waldenfels 2008, 362). Diese Prozesse – so Waldenfels – „umarm[en] das
Fremde, bis ihm der Atem ausgeht" (ebd.) oder bringen „das Fremde [...]
immer schon zum Schweigen" (Waldenfels 2016a, 53). Waldenfels entwirft
mit seiner Phänomenologie ein Konzept, welches die moderne Denktradition
verwirft, d.h. nicht zwischen Subjekt und Objekt trennt und vielmehr davon
ausgeht es gebe eine „Welt des Zwischen" (Woo 2007, 50), in der sich Subjekt und Objekt konstituieren (vgl. ebd.). Verleugnen wir dieses Zwischen,
herrsche keine wirkliche Intersubjektivität oder auch -kulturalität (vgl.
Waldenfels 2016a, 53). Waldenfels wählt also für seine Genealogie der Konstitution des Denkens und Handelns Fremdheit als Ausgangspunkt und über-
schreitet damit jegliche Ordnungen (vgl. Busch 2011, 292/Kapust 2013, 109).
Der sogenannte *fremde Anspruch* erzeuge ein Verhalten, welches sich eben

nicht den gegebenen Ordnungen fügt, sondern uns zu Subjekten werden lässt, die kreativ auf diese Ansprüche antworten. Dieses Verhalten des permanenten Antwortens bezeichnet – so viel sei an dieser Stelle vorweggenommen – Bernhard Waldenfels als Responsivität (vgl. Waldenfels 1994, 71/Kapust 2013, 108). Mit dieser Theorie umgeht Waldenfels Konzepte wie das der Normativität, des Utilitarismus, der Teleologie und der Hermeneutik, denn er beleuchtet ein nicht von uns verfügbares und bestimmbares Phänomen (vgl. Kapust 2013, 107-108).

Dieses Querdenken vollzieht sich auch auf der Ebene der Korrektur bzw. des Übersteigens von anderen verhaltenstheoretischen Konzepten, wie denen der Intentionalität und Kommunikativität (vgl. Waldenfels 1998, 35). Waldenfels sieht die beiden Theorien in Konkurrenz zu seiner Theorie der Responsivität, da hier ebenso menschliches Handeln ausgelotet würde (Waldenfels 2016, 331). Die Phänomenologie der Intentionalität[28] korrigiert er in der Hinsicht, dass er das „Gerichtet-sein-auf-etwas" der phänomenologisch aktiven Person, wodurch die Sache selbst zur Sprache käme, ersetzt durch den Anspruch, der von den Sachen selbst ausgeht (vgl. Roselt 2008, 171). Die Umänderung des Intentionalitätskonzepts lässt sich veranschaulichen mit dem Begriff des Pathischen, den Waldenfels in seinem Erfahrungsbegriff einführt (vgl. Busch 2011, 293). In der Erfahrung sind wir nach Waldenfels zunächst Leidende, denn ein Anspruch trifft uns und mit unserer Antwort auf das Widerfahrnis können wir nie die Kluft zwischen diesen beiden Elementen schließen und aufgrund der Deckungsungleichheit, nach Waldenfels, auch nicht wirklich aktive intentionale Subjekte im ursprünglichen Sinne Husserls sein (vgl. ebd., 294). Waldenfels entwirft vielmehr eine *uneigentliche Intentionalität*, denn ihm zufolge kann der Sinn unseres Tuns in seinem Ursprung nicht aktiv von uns generiert werden, „weil dieser Sinn [...][unserer] aktiven Setzung vorausgeht" (Waldenfels 1980 zit. nach Roselt 2008, 169). Fremdes erzeugt den Sinn und ist nicht integrierbar in Sinnganzes bzw. intendierbar und bringt somit letztlich das Motiv der Intentionalität in seiner ursprünglichen Bedeutung zum Einsturz (vgl. Waldenfels 1998, 40). Auch die Theorie der Kommunikativität bspw. Habermas' Theorie kommunikativen Handelns ist aus Sicht der Waldenfels'schen responsiven Phänomenologie nicht haltbar,

---

[28] S. Anm. 13.

da hier Fremdes zwar nicht in die Generierung von Sinn integriert werden soll, jedoch in ein Regelsystem (vgl. ebd., 41/Matt-Windel 2014a, 34-35). In sprachanalytisch geprägten Theorien wird außer- und sprachliches Verhalten in einem Kontext von Regulierungsmechanismen gedacht, die letztlich Subjekte entwerfen, die auf der Grundlage von Regeln agieren (vgl. Woo 2007, 39-40). Auch hier ist es der fremde Anspruch, der „weder einen Sinn hat, noch einer Regel folgt" (Waldenfels 1998, 42) und somit die Theorie der Responsivität nicht nur quer zu der der Intentionalität, sondern auch der der Kommunikativität stehen lässt (vgl. ebd.). Antje Kapust veranschaulicht Waldenfels' These an Beispielen wie dem Abschied oder traumatischen Erlebnis, die ihre Wirkung trotz rationaler Erklärbarkeit für eine bestimmte Zeit zeigen, womit „vorhandene Sinngewebe zerreiß[en]" (Kapust 2007, 21-22) (vgl. ebd.). Seine Phänomenologie des Fremden[29] versteht Bernhard Waldenfels nicht als ein geschlossenes System, sondern bedingt durch das definitorisch entzogene Fremde als Dreh- und Angelpunkt als offene Philosophie, was die Titel seiner Werke verdeutlichen, die da zum Beispiel Begriffe wie „Bruchlinien", „Schattenrisse", „Zwielicht" und „Sinnesschwellen" enthalten. Hier deutet sich an, dass das Fremde in dem Versuch der Definition verschwindet (vgl. Busch 2011, 291). Da das responsive Verhalten durch den fremden Anspruch generiert wird, gilt für die Responsivität selbiges. Daher ist in dem Unterkapitel 3.3 zur Thematik des Fremden keine Definition zu erwarten, vielmehr wird sich dem Fremden durch die phänomenologische Betrachtung der Konzeptionen von Responsivität in Kapitel 4 angenähert.

Nach einer allgemeinen Einleitung in Waldenfels' Phänomenologie des Fremden möchte ich nun die Entwicklung dieser erläutern.

3.1 Entwicklung

Nachfolgend skizziere ich die Entwicklung der responsiven Phänomenologie. Vor dem Hintergrund der französischen Gegenwartsphilosophie erneuerte Bernhard Waldenfels die Phänomenologie, in dem er seine eigenständige Phänomenologie des Fremden einführte (vgl. Busch 2011, 290). Außer bei Hegel und Marx – bei denen das Fremde sich letztlich jedoch auch aufheben

---

[29] Für eine übersichtliche Zusammenfassung siehe: Waldenfels, Bernhard (2006): Grundmotive einer Phänomenologie des Fremden. Frankfurt am Main: Suhrkamp.

ließ – gab es bis in das 20. Jahrhundert hinein kaum Ansätze in der abend-
ländischen Philosophie, die das Motiv des Fremden thematisierten (vgl.
Westphal 2014, 129/Waldenfels 1998, 36). Anfang des letzten Jahrhunderts
liefert dann Georg Simmel mit seinem Exkurs über den Fremden diesbezüglich Erkenntnisse, die um Edmund Husserls systematische Untersuchung zur
Erfahrung des Fremden erweitert wurden. Walter Benjamin und Theodor W.
Adorno thematisierten die Fremdheit auch schon in eine Richtung, in der es
sie nicht durch Aneignung aufzulösen galt (vgl. Waldenfels 2008, 362-363).
Levinas' Ethik des Anderen ist es dann vor allem, die Waldenfels für seine
responsive Phänomenologie fruchtbar macht (vgl. Därmann 2011, 122). Den
Ansätzen der Phänomenologen Merleau-Ponty, Levinas und Waldenfels ist
diesbezüglich gemein, dass sie subjektdezentriert denken, d.h. von Handeln
und Erfahren im Sinne eines Zentrums ausgehen, dass nicht einpolig im Subjekt begründet liegt (vgl. Westphal 2014, 131).

Nach dem zweiten Weltkrieg und angesichts der faschistischen Bewegungen
stellt sich Levinas die Frage, wie Menschsein und Verantwortung überhaupt
noch gedacht werden kann. Er beantwortet die Frage mit einem zutiefst
menschlichen Konzept der Verantwortung für den Anderen, das uns letzt-
endlich zu autonomen Subjekten werden lässt. In dem ich den Anderen als
fremd betrachte, seine Andersheit beachte, bleibe ich autonom und bin doch
auch verpflichtet zur Antwort (vgl. Matt-Windel 2014, 36-37). Es ist eine „Verantwortung, die sich durch kein vorgängiges Engagement begründet" (Levinas zit. nach ebd., 67) sieht und sich somit anarchisch konstituiert (vgl.
ebd.). Durch die Beschreibung konkreter Situationen veranschaulicht Levinas die Unausweichlichkeit des fremden Anspruchs – der sich im sogenannten nackten Antlitz des Anderen verkörpere (vgl. Därmann 2011, 121).
Die Schnittmengen zwischen Waldenfels' responsiver Phänomenologie und
Levinas' radikalem Humanismus sind wie bereits angedeutet nicht gering
(vgl. Gelhard 2007, 49). Das Motiv des fremden Anspruchs ist so auch eine
Grundlage für die Entwicklung des Responsivitätskonzepts, welches die von
Levinas betonte Responsibilität im Sinne eines responsiven Antwortens als
Radikalform der Verantwortung erweitert. Die veränderte Beziehung zum Ei-
genen ist es, die Waldenfels Phänomenologie des Fremden schließlich von
Levinas' fremdem Anspruch unterscheidet, denn Waldenfels erachtet das

Fremde auch als Teil des Eigenen und trennt diese beiden Dimensionen nicht vollends voneinander (vgl. Därmann 2011, 122). Waldenfels selbst setzt zu Beginn der 1990er Jahre an, seine Phänomenologie des Fremden auszuarbeiten (vgl. Thielicke 2016, 83).[30] Neben Levinas Arbeiten dienen ihm auch die des Mediziners Kurt Goldstein in gewisser Hinsicht als Grundlage für seine Theorie der Responsivität. Goldstein bezeichnet Krankheit als Status „mangelnder Responsivität" (Goldstein zit. nach Hoffmann/Stahnisch (Hrsg.) 2014, 36). Gesund ist der Körper ihm zufolge, wenn er auf ihm gestellte Fragen, d.h. Reize, „antwortet". Als responsiv leitet Waldenfels davon ein Verhalten ab, das sich nicht regelhaft, sondern vielmehr kreativ und von nicht selbst initiierbaren fremden Ansprüchen provoziert, ereignet (vgl. Waldenfels 1994, 77).

Mit der von Bernhard Waldenfels entwickelten Phänomenologie entsteht das Motiv des Fremden als eines, welches sich nicht in einem Durchgangsstadium befindet, d.h. das sich letztes Endes keiner Ordnung fügt, sondern als „unabschließbare Entzugs- und Kontingenzerfahrung" (Westphal 2014, 130) zu verstehen ist. Es zeigt sich also mit Bezug auf vorherrschende Ordnungen als etwas Außerordentliches (vgl. ebd.).

Anschließen an die Entwicklung möchte ich mit einer Darstellung Waldenfels' Ordnungsbegriffs, der seiner Phänomenologie zugrunde liegt.

3.2 Ordnungen

Nach dem ich die Entwicklung der Phänomenologie des Fremden ausgeführt habe, kann ich in diesem Unterkapitel den Begriff der Ordnung darstellen, um daraufhin den Begriff des Fremden als Außerordentliches näher umreißen zu können.

Waldenfels bedient sich hier der Ordnungsbegriffe Descartes, Kants, Comtes und Foucaults, um davon ausgehend seine Gedanken zu formen (vgl. Kapust 2013, 107). Ordnungen bestimmen nach Waldenfels die Beschaffenheit, in

---

[30] Mit seiner Studie *Der Stachel des Fremden* (1990) setzt er seine Überlegungen zum Fremden an, um daraufhin seine vierbändige Reihe *Studien zur Phänomenologie des Fremden* (1997-1999) anzuschließen und seine Erkenntnisse in der bereits empfohlenen Publikation *Grundmotive einer Phänomenologie des Fremden* zusammenzufassen (vgl. Thielicke 2016, 83). In *Antwortregister* (1994) und *Bruchlinien der Erfahrung* (2002) erhält seine Philosophie eine systematische Ausarbeitung (vgl. Busch 2011, 290).

der „unser Leben, unsere Erfahrung, unsere Sprache, unser Tun und unser Schaffen Gestalt annimmt" (Waldenfels 2012 zit. nach Thielicke 2016, 84). Schon Husserl und Heidegger haben Ordnungen als „Stiftungsereignisse" (Busch 2011, 297) bezeichnet, da sie Trennungen stiften, d.h. zum Beispiel bestimmen, was normal oder anormal, legal oder illegal ist (vgl. ebd.). Die Selektion innerhalb von Ordnungen thematisiert Waldenfels kritisch, denn hier sieht er immer auch eine Exklusion gegeben (vgl. Kapust 2013, 107). Die Totalität von Ordnungen wird deutlich, wenn es Außerordentliches gibt, das beunruhigt und nicht kategorisieren lässt (vgl. Busch 2011, 297). Solange Abweichungen ein System nicht überfordern oder gar gefährden, sind sie für Waldenfels aus der Sicht einer Ordnung zulässig. Fügt sich etwas einer Ordnung nicht, werden eben neue Ordnungen geschaffen (vgl. Waldenfels 1994, 74-75). Als Beispiel führte Waldenfels Mitte der 1990er Jahre die Wissenschaft an, deren Errungenschaften er Respekt zollte, die er aber als technologisiert ansah, da es für ihn die Tendenz eines alles bestimmbaren Bewusstseins gab (vgl. ebd., 71, 73). Bernhard Waldenfels bezeichnet die Einebnung von Fremdem als „Normalisierungstendenz" (ebd., 75). Fremdes besitzt für ihn jedoch einen solch beunruhigenden, provokativen, ansprechenden und störenden Charakter, das es sich nicht in Ordnungen eingliedern lasse (vgl. Busch 2011, 291/Waldenfels 2016a, 164). Dafür findet Waldenfels den Begriff „extraordinäre Fremdheit" (Waldenfels 2008, 364) (vgl. ebd.). Gesellschaftskritisch und sarkastisch formuliert Waldenfels den Lösungsvorschlag, wenn die Einführung alternativer Ordnungen zur Eingliederung des Fremden nicht funktioniere: „Notfalls helfen [dann] Wegschauen oder Vergessen" (vgl. Waldenfels 1994, 75). Jedoch räumt er ein, dass diese Tendenz der Normalisierung in gewisser Weise verständlich ist, da wir das Fremde beantworten müssen und es uns sonst zuweilen im Schockzustand verharren ließe (vgl. ebd., 77). Als wirkliche „Lösung" dieser Tatsache empfindet Waldenfels allerdings die Akzeptanz und somit Öffnung für das Nicht-Kategorisierbare. So würde der „blinde Fleck" (Kapust 2013, 108), den Fremdes für Ordnungen darstellt, nicht verkannt und kann in das Bewusstsein gelangen (vgl. ebd.). Dem Motiv des Fremden sollte also nach Waldenfels nicht in einer algorithmisch transformierenden Weise und somit einer ausmerzenden, sondern in einer wachsamen Haltung des „Sich-An-

sprechen-lassens" begegnet werden (vgl. Kapust 2007, 16). Der fremde Anspruch stellt für den Begründer der responsiven Phänomenologie jedoch
nicht lediglich eine Abweichung, sondern vielmehr eine Art Überschuss, der
über Ordnungen hinausgeht, dar (vgl. Kapust 2013, 107). Waldenfels' Phänomenologie des Fremden charakterisiert sich dementsprechend dadurch,
dass für ihn der Charakter des Fremden durch den Versuch der Einordnung
erloschen wird, was ihn dazu veranlasst eine andere Form der Phänomenologie zu denken (vgl. Busch 2011, 291/Kapust 2007, 18). Es ist ein sich der
Ordnungen entziehender Punkt „diesseits von Gut und Böse, diesseits von
Recht und Unrecht" (Waldenfels 1998, 43), den Waldenfels als Ausgangspunkt seiner Phänomenologie des Fremden wählt (vgl. ebd.).
Nun nachdem die Relation des Fremden erläutert wurde, kann ich zur Darstellung des Fremden bei Waldenfels übergehen.

3.3   Das Fremde

Im Folgenden führe ich den Begriff des Fremden im Rahmen Waldenfels'
phänomenologischen Konzeptes aus.
Der Charakter des Unverfügbaren des Fremden mag es sein, was uns das
Fremde unheimlich erscheinen lässt. Je mehr das Fremde in vertraute Bereiche dringt, desto mehr Schrecken kann es uns einjagen – so auch schon
Freud, für den das Unheimliche auf das Heimliche zurückging (vgl. Waldenfels 1994, 76). Waldenfels unterscheidet zwischen einer *relativen, strukturel-
len* und *radikalen* Fremdheit. Das relativ Fremde können wir überwinden, in
dem wir uns Kenntnisse und Fähigkeiten aneignen wie es z.B. bei dem Erlernen einer Fremdsprache der Fall ist (vgl. Waldenfels 2008, 361/ Thielicke
2016, 84-85). Das Fremde kann hier also in Altbekanntes integriert werden,
da es sich innerhalb der eigenen Ordnung befindet (vgl. Westphal 2014, 130/
Thielicke 2016, 85). Strukturell Fremdes hingegen befindet sich nicht in unserer Ordnung, weswegen uns beispielsweise ein plötzliches Lächeln einer
Person, die uns auf der Straße begegnet zunächst in seinem Sinngehalt verborgen bleibt (vgl. Thielicke 2016, 85). Die höchste Steigerungsform der
Fremdheit, die radikale Fremdheit, hingegen ist vielmehr das, was eingangs
beschrieben wurde und „an [den] Wurzeln der Dinge rührt" (Waldenfels 2008,
361), sodass wir genötigt werden Vertrautes aufzugeben (vgl. Westphal

2014, 130). Hierbei werden nicht nur unsere Deutungen, sondern auch unsere Deutungsmuster und somit auch unsere Eigenheit in Frage gestellt wie es beispielsweise bei dem Rausch oder im Fall der Phänomene Schlaf und Tod der Fall ist (vgl. Thielicke 2016, 85/Busch 2011, 292). Die Grade der Fremdheit sind allerdings variabel, d.h. eine Fremdsprache, die wir akustisch noch nie zuvor vernommen haben, ist zunächst strukturell fremd und wird mit dem Erlernen nur noch relativ fremd. Beherrschen wir dann die Sprache ist es keine Fremdsprache mehr. In diesem ständigen „Über-die-Schwelle-treten" sieht Weidtmann Veränderungen im Innersten gegeben (vgl. Thielicke 2016, 85). Diese Prozesse seien individuell und okkasionell, weswegen Waldenfels Fremdheit plural entwirft, d.h. so viele Fremdheiten wie Ordnungen gegeben und diese als alle Bereiche des Lebens durchdringend sieht (vgl. ebd., 84/Waldenfels 2008, 364).

Waldenfels spricht in seiner Phänomenologie des Fremden meist von der Radikalform. Die Unergründlichkeit – wie ein trüber See bei dem wir nicht auf den Grund des Bodens schauen können – mag es sein, die diese Form von Fremdheit für uns unheimlich werden lässt. Außerdem ist die radikale Form der Fremdheit nicht von uns prognostizierbar. Bevor wir uns entschließen können auf sie zuzugehen, entscheiden können wie wir uns zu ihr positionieren, hat sie uns schon erwischt und somit stellt sie den Ursprung unseres Denkens dar (vgl. ebd., 363). Sie wird von Waldenfels als immer schon anwesend, aber nicht fassbar – ähnlich wie das Phänomen „Luft" – beschrieben (vgl. Woo 2007, 32). Roselt stellt diesen anonymisierten Umstand wie folgt dar: „Das Fremde hat keinen Namen und keine Anschrift, kein Adjektiv kann seine Eigenart nennen, kein Substantiv seine Stelle einnehmen und doch ist es stets gegenwärtig" (Roselt 2008, 191).

Das paradoxe Attribut des Sichtbarwerdens im Nicht-Sichtbarwerden ist es, was das Fremde als ein sogenanntes *Hyperphänomen* oder auch *Nicht-Phänomen* bezeichenbar macht (vgl. Waldenfels 1998, 43/Woo 2007, 33). Bereits Husserl hat in seinen *Cartesianischen Meditationen* das Fremde als „bewährbare Zugänglichkeit des original Unzugänglichen" (Husserl zit. nach Waldenfels 1995, 58) klassifiziert und dadurch den Grundstein für Waldenfels Ausarbeitungen der Hyperphänomenologie gelegt (vgl. Gelhard 2007, 52). Noch mal: im Falle des Fremden wird also etwas zugänglich in seiner Unzugänglichkeit. Wer Fremdes erfährt, dem zeigt und entzieht sich somit etwas *zugleich*. Fremdsein ist also vielmehr als eine Art und Weise des Erscheinens als eine Eigenschaft bestimmbar (vgl. Busch 2011, 291). Dieser Umstand führt dazu, dass Waldenfels das, was uns widerfährt zum Ausgangspunkt seiner Untersuchungen des Fremden wählt, denn in der Antwort gewinne das Fremde seine Gestalt (vgl. ebd. 292). „Sachverhalt und Zugangsart" (Waldenfels zit. nach Thielicke 2014, 84) sind hier nicht zu unterscheiden, sondern bedingen sich. Die Erfahrung, das Widerfahrnis des Fremden, hat bei Bernhard Waldenfels daher einen hohen Stellenwert. Hierbei *machen* wir als Subjekte bei Waldenfels keine Erfahrung, sondern *durchleiden* sie – sind also zunächst passiv, wie ich es bereits bei der Ausführung zu dem veränderten Intentionalitätsbegriff angerissen habe (vgl. Thielicke 2016, 83-84). Dafür führt Waldenfels den Begriff des *Patienten* im weiten Sinne, der ein radikal passives Subjekt beschreibt, ein (vgl. Waldenfels 2002, 99). Der Erfahrungsprozess wird durch Bernhard Waldenfels mit der Begrifflichkeit der *gebrochenen Erfahrung* ausgefüllt, denn wir stellen eine Erfahrung nicht aktiv her, sondern werden sozusagen von ihr getroffen, sind also zunächst nicht Urhebende (vgl. Därmann 2011, 123). Gebrochen ist die Erfahrung, da es einen unüberwindbaren Bruch zwischen dem Anspruch (*pathos*), d.h. unserem Getroffensein vom Fremden und unserer Antwort (*response*) darauf, die sich beispielsweise in einer Handlung äußern mag, gibt (vgl. Westphal/Zirfas 2014, 59). „Erfahrungen sind gegenüber sich selbst verschoben in Form einer *Vorgängigkeit* [Herv.i.O.] dessen, was uns affiziert, und einer *Nachträglichkeit* [Herv.i.O.] dessen, was wir darauf antworten" (Waldenfels 2002, 10). Für diese raumzeitliche Verschiebung entwickelt Waldenfels den Begriff der *Diastase*. Diastase aus dem Griechischen übersetzt bedeutet so viel wie „Auseinanderstehen/-treten" und bezeichnet den „Differenzierungsprozess, indem daß, was unterschieden wird, erst entsteht" (Waldenfels 2016, 335) (vgl. Waldenfels 2008, 365). Es ist hier also von einem Vorgang die Rede, der sich performativ organisiert, d.h. in gewisser Weise wirklichkeitsgenerierend ist. Waldenfels bezeichnet diesen Prozess der diastatischen Verschiebung von Appell und Response auch als Urdiastase (vgl. Roselt 2008, 186-187). Es ist nach Waldenfels im menschlichen Verhalten also von einer „verspäteten" Antwort die Rede, die die Frage, das Fremde, nie einholen kann (vgl. ebd., 191-192). An dieser Stelle wird die

Nähe zum Gabetheorem sichtbar.[31] Der Tausch wird zur Gabe, in dem Zeit zwischen dem Akt des Nehmens und Erwiderns verstreicht, sodass wir von der Vorgabe sprechen können, die einen Vorschuss an Vertrauen darstellt (vgl. Hentschel 2015, 142).

Im Fall des fremden Anspruchs, der auch immer schon zuvorkommt, wissen wir nicht woher er kommt, was mich zu dem Aspekt des Örtlichen in der responsiven Phänomenologie führt. Das Fremde als Nicht-Phänomen befindet sich auch in einem sogenannten „Nicht-Ort", der sich aus dem Paradoxon, „Anderswo" und „Nicht-Anderswo" als nicht festzulegende Anfangs- und Endstationen, ergibt (vgl. Woo 2007, 33). Mit „Anderswo" meint Waldenfels die andere Seite der Schwelle des Eigenen. Zugleich ist das Fremde selbst Anderswo, weswegen es sich nicht dort befinden kann (vgl. Waldenfels 1998, 37-38). Das Fremde ist also ortlos und betont, dass nichts je völlig an seinem Platz ist, da das Fremde auch Teil des Eigenen ist – wie ich noch zu erläutern versuche (vgl. ebd., 38). Daher müssen wir uns für die Untersuchung des Fremden in ein „Zwischenreich"[32] (Waldenfels 1992, 140), welches nicht kontrollier- oder beherrschbar ist, begeben (vgl. Busch 2011, 291). Das Fremde kann sich niemals auf beiden Seiten einer Schwelle befinden und ist auch nicht von einer Position der dritten Instanz beobachtbar (vgl. Thielicke 2016, 85). Dieser Ort der Schwelle ist der „Ort des Fremden par excellence" (Roselt 2008, 193). Waldenfels definiert die Schwelle wie folgt: „Die Schwelle ist keine scharfe Grenzlinie [...], sondern sie markiert eine Scheidezone [...], die sich zwischen einem Nicht-Mehr und Noch-nicht ausbreitet" (Waldenfels 1987 zit. nach Woo 2007, 31).

---

[31] Waldenfels macht auch das Phänomen der Gabe für seine responsive Theorie fruchtbar. S. hierfür Waldenfels, Bernhard (2016): Antwortregister. 2. Aufl. Frankfurt am Main: Suhrkamp, S. 586-626. Zu gegenwärtigen Untersuchungen des Gabetheorems siehe zum Beispiel: Hentschel, Ingrid/Moehrke, Una H./Hoffmann, Klaus (Hrsg.) (2011): Im Modus der Gabe. Theater, Kunst, Performance in der Gegenwart/In the Mode of Giving. Theatre, Art, Performance in the Present. Bielefeld: Kerber.

[32] Das Zwischenreich entfaltet Waldenfels auch im dialogischen Kontext und distanziert sich von dem Begriff des Zwischen Bubers. Waldenfels geht es hier vielmehr um Erfahrungen, die in der „Sphäre der Zwischenmenschlichkeit" gemacht werden können und die Betonung der sogenannten „präpersonalen Verbundenheit", die wir dort zu spüren bekommen und die uns das Sein als „reines Ich" (Waldenfels 1971 zit. nach Muth 2015, 47) verweigert (vgl. ebd., 45-47).

Die gebrochene Erfahrung, mit der ich eingeleitet habe, ereignet sich als Zwischengeschehen, geht also aus der Diastase hervor und generiert erst das erfahrende Subjekt (vgl. ebd., 187, 194). Dieser Aspekt betont nochmals die subjektdezentrierte Perspektive (vgl. Woo 2007, 43/Roselt 2008, 182-183). Die „Welt des Zwischen" (Woo 2007, 61) ist es auch, in dem sich laut Waldenfels Eigenes und Fremdes dynamisch entfalten (vgl. Waldenfels 1992, 140). Hiermit ist die „Fremdheit meiner selbst" (Waldenfels 2016a, 27) angesprochen, welche den letzten Aspekt zu meinen Ausführungen des Fremden in Waldenfels' Phänomenologie des Fremden darstellen soll. Genau wie das Fremde geht das Eigene Waldenfels zufolge erst aus der Erfahrung hervor, d.h. ist somit ebenso wenig eine stabile Größe bestimmbar (vgl. Roselt 2008, 190). „Was Eigenes und Fremdes ist, bestimmt sich im Ereignis des Antwortens und nirgends sonst, das heißt, es bestimmt sich niemals völlig" (Waldenfels 2016a, 109). Das Eigene ist somit nur in Bezug auf das Fremde denkbar und andersherum, sodass Fremdes immer auch ein Teil des Eigenen ist, um nicht zu sagen mit dem Eigenen verflochten (vgl. Roselt 2008, 193/Busch 2011, 295). Unsere Eigenheit ist erschüttert und überfordert, wenn der Anspruch des Fremden laut wird und doch wird unsere Identität dadurch nicht verwischt, sondern gerade erst konstituiert (vgl. Därmann 1998, 528/Westphal 2014, 133). Waldenfels nennt das die *ekstatische* Fremdheit und differenziert diese von der *duplikativen*, die das Doppelgängertum der Fremdheit des Anderen bezeichnet (vgl. Waldenfels 2008, 363-364). Der fremde Anteil in mir selbst lässt mich Fremdheit intrasubjektiv und -kulturell erfahren (vgl. Waldenfels 2014, 135). Wenn ich beispielsweise „meine" Antwort auf Gesagtes höre, kann ich mir meinem eigenen Anderen gewahr werden, was Scholz in Bezug auf Benjamins Begriff der *Aura* als „Fähigkeit, Dinge ankommen zu lassen und zwar so, wie sie sich präsentieren" (Scholz zit. nach Westphal 2001, 551) beschreibt (vgl. ebd.).

Schließlich kann ich überleiten zur Responsivität, die unmittelbar mit den zuvor ausgeführten Inhalten zusammenhängt.

3.4 Antworten als Responsivität und responsive Differenz

Das Kapitel beenden und somit die theoretische Welt verlassen möchte ich, in dem ich zunächst das Antworten als Responsivität und die responsive Differenz erläutere.

Dem fremden Anspruch, den ich in diesem Unterkapitel noch weiter herausarbeiten möchte, können wir – wie ich es schon angedeutet habe – nicht ausweichen. Das Nein zum Fremden ist Derridas ‚Oui à l'étranger' – ist also immer auch eine Antwort (vgl. Därmann 1998, 535). Hier liegt ein wesentliches Motiv der Ethik der sogenannten Antwortlogik Waldenfels begründet, welches in der Unausweichlichkeit der Antwort besteht (vgl. Woo 2007, 41-42). Roselt ergänzt zur Verdeutlichung: „Selbst der eigenen Antwort kann man sich nicht enthalten" (Roselt 2008, 184). Der Umstand der Unumgänglichkeit liegt in der schon ausgeführten Eigenkonstitution des Fremden begründet (vgl. Därmann 2011, 122). So sieht Waldenfels selbst in der Flucht aus der Situation eine Weise des Antwortens und Eingehens auf den Aufforderungscharakter der Dinge gegeben (vgl. Waldenfels 1994, 75). Den Aufforderungscharakter der Dinge beschreibt er hierbei veranschaulichend als „Schrei", „Anruf" oder „Ruf" (vgl. Därmann 1998, 527). Zusammenfassend kann ich Därmanns Worte anführen, die aussagt, dass auch die „nicht gegebene Antwort [...] eine Antwort" (ebd., 529) ist. Doch was soll die von Waldenfels gemeinte Antwort sein, die wir – wie ich nun festgestellt habe – auf den fremden Anspruch geben müssen und die diesem erst Gestalt verleiht?

Waldenfels schafft in seiner Phänomenologie der Responsivität einen erweiterten Antwortbegriff. Die answer stellt hierbei die Antwort im engeren Sinne dar, die sich als sprachliche Antwort auf eine sprachliche Frage äußert. Diese Form steigert er in einem zweiten Schritt, in dem er sprachliches Eingehen auf einen Frageanspruch als response bezeichnet. Diese kann weitergehend auch jegliches sprachliches Eingehen auf jeglichen Anspruch bedeuten, wie es zum Beispiel im Fall der Gegenfrage geschieht, die grammatikalisch gesehen keine Antwort ist. Schließlich kommt er zur Antwort im weitesten Sinne, welche „jedes Eingehen auf einen Anspruch [Herv.i.O.], der sich in einer sprachlichen Äußerung oder aber im vor- oder außersprachlichen Ausdrucksverhalten kundtut [Herv.i.O.]" (Waldenfels 2016, 322) bezeichnet. Somit wäre nach Waldenfels ein bloßer Blick als Antwort definierbar (vgl. Roselt

2008, 180). Auch die Frage kann ein Blick oder eine stumme Geste sein (vgl. Waldenfels 1994, 75). Zur Verdeutlichung ist noch einmal anzuführen, dass der Prozess des Antwortens oder das wirkliche Geben der Antwort bei Waldenfels in der response gesehen und eine bloße Informationsvermittlung als answer beschrieben wird (vgl. ebd./Därmann 2011, 122). Hier bediente sich Waldenfels Austins Ausführungen aus der Sprechakttheorie, um seinen Doppelcharakter des Antwortens begründen zu können (vgl. Roselt 2008, 174). Die beiden Formen des Antwortens answer (Antwort im Sinne des deckenden Fragegehalts) und response (das sogenannte Worauf wir Antworten) werden entsprechend hervorgerufen von question (die bloße Frage nach einer Information) und appeal (Anspruch einer Sache oder Person) (vgl. ebd., 175). Was nun der fremde Anspruch, der in dem vorherigen Kapitel schon angerissen wurde, ist, mag ein Beispiel mit der Ausgangsfrage „Und?" veranschaulichen. Die Frage ruft offensichtlich zu etwas auf, doch erst in der Antwort bekommt das „Und" seine Bedeutung. Die Frage allein hat noch keine Bedeutung und ist hier vielmehr ein Appell. Verdeutlichen kann ich diese Tatsache, wenn ich das „Und?" durch das Interpunktionszeichen „!" ergänze. Hiermit ist ein Teil Waldenfels' Responsivitätskonzepts angedeutet, in dem Fragen immer auch schon Antworten sind. Für die Trennung zweierlei Möglichkeiten des Antwortens findet Waldenfels noch zwei weitere alternative Formulierungen, d.h. die reproduktive und die produktive Antwort. Die reproduktive Antwort deckt wie die answer den Fragegehalt ab und reproduziert Sinn oder vervollständigt ihn (vgl. Thielicke 2016, 88). Wohingegen im Fall der produktiven oder auch kreativen Antwort, „jemand etwas gibt, was er nicht hat, sondern im Geben der Antwort erfindet" (Waldenfels 1994, 76), womit noch mal die Nähe des Responsivitätskonzeptes zum Gabetheorem betont wäre (vgl. ebd.). In der response oder auch kreativ produktiven Antwort liegt zwar das Moment des Unausweichlichen, jedoch werden wir zu aktiven Subjekten, in dem wir das wie des Antwortens selbst bestimmen können, worin Waldenfels auch den sinngenerierenden Aspekt dieser Form von Antworten begründet sieht (vgl. Waldenfels 2016a, 53/Kapust 2013, 108/ Westphal 2001, 545/Thielicke 2016, 88). Das Wovon des Getroffenseins wandelt sich somit um in ein Worauf des Antwortens, was wir bestimmen können und uns von den im vorangegangen Kapitel genannten Patient*innen zu Respondenten werden lässt (vgl. Busch 2011, 293/Waldenfels 2002,

102). Das Wovon stellt das Fremde dar, welches schon thematisiert wurde und deckt sich nie mit dem Worauf, was es von der klassischen Antwort unterscheidet. In diesem Sinne sind Frage und Antwort auch nicht mehr voneinander trennbar und fragen für sich selbst und ihre Verbindung eine Neudefinition an (vgl. ebd., 179). Es mag deutlich geworden sein, dass Waldenfels einen Wechsel der Blickrichtung vornimmt, in dem er nicht wie allgemein geläufig die Frage, sondern die Antwort oder auch die Frage als Antwort in das Zentrum seiner Untersuchungen stellt und sich über das allgemein gültige Frage-Antwort-Schema hinwegsetzt (vgl. Därmann 2011, 122/Woo 2007, 37). Waldenfels nimmt das „Worauf" wir antworten in den Blick, um seine radikale Responsivitätstheorie zu entwerfen und die Phänomenologie des Fremden zu ergründen (vgl. Roselt 2008, 179). Der fremde Anspruch oder auch Appell folgt also keiner Regel und intendiert oder kommuniziert nicht, sondern kreiert eben das Worauf, was als Moment der Responsivität bezeichnet werden kann (vgl. Woo 2007, 40). Bei Waldenfels müssen sich Frage und Antwort nicht inhaltlich decken, um Geltung zu erlangen (vgl. Roselt 2008, 173). Vielmehr kann in der Deckungsungleichheit „etwas entdeckt werden [...], was vorher nicht vermisst wurde" (ebd., 178). Diese „Antwortlichkeit" (Woo 2007, 38) ist es, die Waldenfels als Responsivität bezeichnet und die Art und Weise, wie uns Fremdes begegnet vernehmbar macht, weswegen das Fremde wie bereits erwähnt ein nahestehendes Motiv der response ist (vgl. ebd. 37-38). Waldenfels entwickelt seine responsive Phänomenologie zwar ausgehend von der Sprache überträgt diese jedoch auf weitere Dimensionen wie zum Beispiel Leiblichkeit.[33]

---

[33] Das „Motiv" der Leiblichkeit ist ein zentrales in der phänomenologischen Philosophie und wird vor allem von Merleau-Ponty fokussiert (vgl. Vetter (Hrsg.) 2004, 331/Danner 2006, 156). Für ihn sind wir als Subjekte leiblich zur Welt, sodass diese immer auch eine leiblich interpretierte ist (vgl. Danner 2006,157). Wir nehmen durch ihn wahr und können ihn weder verlassen noch besitzen – wir *sind* unser Leib (vgl. Merleau-Ponty 1966, 180). Schon Husserl formulierte: „Derselbe Leib, der mir als Mittel aller Wahrnehmung dient, steht mir bei der Wahrnehmung seiner selbst im Wege und ist ein merkwürdig unvollkommen konstituiertes Ding" (Husserl zit. nach Vetter (Hrsg.) 2004, 331). Dies verdeutlicht noch einmal die Doppelexistenz des Leibes als physisch erlebbares und doch nicht greifbares Phänomen (vgl. Vetter (Hrsg.) 2004, 331-332). Das Moment des Fremden und Unvollkommenen formuliert Kathrin Busch in Anlehnung an Waldenfels folgendermaßen: „Nie bin ich ganz und gar und ausschließlich mein Leib, nie wohne ich ihm ungebrochen inne oder verfüge über ihn nach eigenem Gutdünken" (Busch 2011, 295).

Mit dem Begriff der Diastase wurde schon das asymmetrische Verhältnis von Anspruch und Antwort erläutert (vgl. Waldenfels 2008, 363). Die Diastase verleiht allerdings dem Begriff der responsiven Differenz, der die Kluft oder auch den Hiatus, also die soeben beschriebene Deckungsungleichheit zwischen Anspruch und Antwort beschreiben mag, „lediglich" sein Profil (vgl. Gelhard 2007, 57). Eine Umkehrung veranschaulicht vielleicht den sich hier ereignenden Prozess: Was eben nicht im responsiven Frage-Antwort-Ereignis passiert, ist, dass sich das „Worauf" der Antwort in ein greifbares „Was" verwandelt und uns somit zur Verfügung und den Anspruch, d.h. den Ursprung des Ereignisses, zur Ruhe kommen und ergründbar werden lässt (vgl. Roselt 2008, 179). Vielmehr produziert ein Anspruch einen Überschuss an Antwortmöglichkeiten, was das Asymmetrische dieses Prozesses darstellt (vgl. Kapust 2013, 108/Woo 2007, 43-44). Die responsive Differenz unterscheidet zwischen dem propositionalen Gehalt, den eine Antwort darstellt und dem Anspruch, während in der Diastase Widerfahrnis und Appell auseinandertreten, d.h. den Anspruch selbst spalten, um ihn zu generieren (vgl. Gelhard 2007, 49). Zwischen dem Anspruch und der Antwort gibt es nach Waldenfels immer einen unüberwindbaren Graben, da beide keine Quelle besitzen, die sich in ein „vorgängiges Ziel-, Sinn- oder Kausalkontinuum" (Roselt 2008, 181) integrieren lässt (vgl. ebd.).

Bevor ich den theoretischen Teil dieser Studie schließe, möchte ich auf den Aspekt der Responsibilität eingehen, den Waldenfels mit seiner responsiven Phänomenologie ausdrücklich betont (vgl. Därmann 1998, 525). Wie auch Levinas und Derrida sieht Waldenfels im Antworten eine Radikalform der Verantwortung gegeben (vgl. ebd.). Waldenfels sieht den Ruf in unserer Gesellschaft nach Verantwortung zu einem, der zu einem Nachruf geworden ist (vgl. 1992, 139). Denn, wenn wir Rechenschaft und die Forderung nach dieser mit Verantwortung verbinden, um uns dann, wenn diese gegeben sind, verantwortlich zu fühlen, ignorieren wir Bernhard Waldenfels zufolge, Phänomene, die sich Rationalem entziehen und sind in dem Sinne unverantwortlich. Wir öffnen uns nicht für nicht Einordbares im Sinne einer responsiven (Nicht-)Haltung und zeigen uns somit verantwortlich, sondern erklären uns sozusagen im Nach- oder Vorhinein für verantwortungsbewusst oder eben nicht. Das ist eine zweidimensionale Logik, die das Plötzliche ignoriert. Wenn wir uns wirklich verantwortlich zeigen, können wir nicht wählen, ob wir es sind. Waldenfels beschreibt es so: „Ich verantworte nicht etwas, nachdem ich es gesagt oder getan habe, sondern ich antworte auf etwas oder jemanden, indem ich etwas sage und tue" (Waldenfels 1992, 140) (vgl. ebd., 139-140). Wir sind ihm zufolge also responsabel im performativen Sinne.

Nun verlasse ich die theoretische Welt und begebe mich in den empirischen Teil meiner Studie.

4 Konzeptionen von Responsivität

Nachdem ich die methodischen und thematischen Grundsteine gelegt habe, gehe ich nun zu der Untersuchung der Konzeptionen von Responsivität der Philosophen Bernhard Waldenfels, Dieter Mersch und Martin Seel über, in dem ich das methodische und theoretische Wissen gewissermaßen wieder vergesse, um zur natürlichen und phänomenologischen Einstellung gelangen zu können.

Das Maß der Lebendigkeit eines Textes sieht Depraz in dem Ausmaß der Möglichkeit des Vollzugs des Inhalts gegeben. Für sie soll das, was gelesen oder geschrieben wurde zugleich ausgeführt werden. Keine Beschreibung sei möglich, ohne in gewisser Weise in das Beschriebene involviert zu sein und so entsteht die Aufgabe die Weise der Beschreibung der Art des Gegenstands auszurichten (vgl. Depraz 2012, 14-15, 22, 181-182). Dies sei noch als Erinnerung an den methodischen Teil dieser Studie angeführt.

Ein Merkmal des Performativen ist das des Mimetischen. So basieren die folgenden Ausführungen wie ich bereits im methodischen Teil der Studie erläutert habe, auf einem ersten performativ-responsiven Lesen der Texte[34], dem gleichzeitigen Vollzug des sehr nah am Text gebliebenen Notizenmachens in das Werktagebuch[35] – das ist das mimetische Moment – und dem schließlichen verschriftlichen im Modus „fragenden Denken[s]" (Depraz 2012, 16) im responsiven Sinne durch das Verfassen der Erinnerungsprotokolle[36]. Die verschiedenen Konzeptionen stellen die eidetische Variation dar, von der ich mir erhoffe auf ein Invariantes der Konzeption von Responsivität zu stoßen, was ich dann in der Wesensschau in dem letzten Unterkapitel

---

[34] Meinen Untersuchungen zugrunde liegen die folgenden Textpassagen:
- Waldenfels, Bernhard (2016): Antwortregister. 2. Aufl. Frankfurt am Main: Suhrkamp, S. 319-336.
- Mersch, Dieter (2002): Ereignis und Aura. Untersuchungen zu einer Ästhetik des Performativen. Frankfurt am Main: Suhrkamp, S. 47-53.
- Seel, Martin (2003): Ästhetik des Erscheinens. Frankfurt am Main: Suhrkamp, S. 70-100.
Die Auswahl der Textpassagen begründe ich jeweils zu Beginn der Konzeptionen.
[35] S. Anhang.
[36] S. Anhang.

dieses Kapitels zur Sprache bringen möchte. Methodisch trenne ich in diesem Kapitel weitergehend meine Untersuchung der Erinnerungs-/Gewahrseinsprotokolle zunächst in eine inhaltliche und formale Ebene, um diese dann schließlich klassisch textanalytisch wieder zusammenführen und für ein Ergebnis fruchtbar machen zu können.

Zum Schluss der Einleitung in die Konzeptionen von Responsivität bei Waldenfels, Mersch und Seel, möchte ich noch mal – mit den Worten Depraz' – auf das performative Moment dieses Teils der Studie, der in gewisser Weise das Herzstück darstellt, zu sprechen kommen:

> „Sobald also ein mentaler Vollzug, beispielsweise ein Gedanke, der auf das wahrgenommene *Objekt* [Herv.i.O.] gerichtet ist, mich in seinen Bann zieht und mich daran hindert, mich in Hinblick auf die Dynamik des Entstehens und Vergehens dieses Gehaltes zu zentrieren, bewahre ich diese Aktivität, in dem ich sie beobachte. Durch diese Beobachterrolle wird sie für mich an Kraft und Geltung verlieren, da ich sie auf eine gewisse Weise sich selbst überlassen habe und nicht mehr an ihr interessiert bin, so dass ich sie aus einem gewissen Abstand heraus betrachten kann" (Depraz 2012. 136).

Das beschreibt den aufmerksamkeitserfordernden, reflektierenden und lebendigen Prozess, der den folgenden Ausführungen zugrunde liegt.

Ich leite nun über zu der Konzeption von Responsivität bei Waldenfels.

4.1   Bernhard Waldenfels: Antwortregister

Nachdem ich allgemein in die Konzeptionen eingeführt habe, kann ich zur Ausführung von Bernhard Waldenfels' Konzeption der Responsivität gelangen, d.h. meine Untersuchungsergebnisse präsentieren.

In *Antwortregister* stellt Waldenfels seine Ausführungen zur Responsivität unter all seinen Publikationen am ausführlichsten dar. In der ausgewählten Textpassage stellt er den Grundzug von Responsivität dar.

Ich beginne auf der inhaltlichen Ebene. Zusammenfassend lässt sich zu meinen Ausführungen im Erkenntnis-/Gewahrseinsprotokoll von Waldenfels Konzeption von Responsivität[37] sagen, dass ich nach der Verbindung von responsivem und künstlerischem Verhalten untereinander und zum Alltag, nach der Verbindung von Unfassbarem und Ordnungen und nach dem Zusammenhang zwischen dem Unfassbaren und Responsibilität gefragt habe.

---

[37] Siehe S. 90f.

Außerdem habe ich den zeitlichen Aspekt der Erfahrung von Unverfügbarem thematisiert. Im Folgenden führe ich diese inhaltliche Zusammenfassung etwas aus. Zunächst fragte ich nach der Bedeutung der Ausweitung eines Begriffs und kam zu dem Schluss, dass er Grenzen benötige, um ihn zu fassen zu bekommen. Das führte mich zu der Unfassbarkeit fremder Ansprüche bzw. von Responsivität, die jedoch in Verbindung zu Ordnungen stehen müssen, um eine Relation und somit Existenz zu besitzen (vgl. S. 89). Es folgte ein kurzer Ausflug zum Verantwortungsbegriff, den ich mit dem Bewusstsein der Existenz von Unverfügbarem füllen wollte. Die Thematisierung der Erfahrung des Unverfügbaren führte den zeitlichen Aspekt in meine Ausführungen ein, in dem ich feststellte, dass ich immer nur im Nachhinein feststellen kann, dass ich das Unverfügbare erfahren habe. Somit wurde der Begriff der Diastase ins Feld geführt. Woraufhin ich mich fragte, ob das Ereignis der Diastase ausschlaggebend dafür sei, ob eine Performance gelungen oder beliebig gewesen ist. Nicht zuletzt fragte ich mich, welche Verbindung Alltag und Responsivität eingehen (vgl. ebd.). Außerdem wollte ich davon ausgehend wissen, wieso unsere Gesellschaft so sehr von einer Art Effizienzgedanken befallen sei. Um darauffolgend diese Tatsache radikal in Frage zu stellen und dann doch wieder sicher zu sein, dass dieser Gedanke in unserer Gesellschaft existiert. Kurz vor Ende meiner Gedankenkette, kam ich zu der Frage inwieweit Kunst in unserem Alltag existieren kann, ohne dass wir sie „beschmutzen" (S. 90). Schließlich erinnerte ich mich an Waldenfels' Worte, dass Fragen immer auch Antworten seien (vgl. ebd). Nach dem ich den Inhalt meiner Ausführungen wiedergegeben habe, möchte ich nun auf die formale Ebene wechseln.

Auf dieser Ebene lässt sich anführen, dass ich überwiegend ganze Sätze formuliert habe. Es gibt eine Ausnahme, welche in der alleinstehenden Formulierung: „Enge und Weite" (S. 90) besteht. Mehrheitlich sind es kurze Sätze, die ich verwendet habe, wie z.B.: „Doch, das gibt es" (ebd.). Auf der Ebene der Zeitformen kann ich feststellen, dass ich fast durchgehend im Präsens geschrieben habe. Es gibt zwei Ausnahmen, bei denen auffällt, dass ich keine temporale oder kausale Satzverbindung verwendet habe, welche ich im Zitat nun in eckigen Klammern zur Verdeutlichung ergänze. Der erste Satz lautet: „Denn, wenn ich es erfahre, [dann] habe ich es schon erfahren" (S. 89). Die kausale Verbindung fehlt bei der folgenden Formulierung: „Es vollzieht sich im antwortenden Verhalten nicht mehr das Fremde – [denn] es war schon da" (ebd.). Bezogen auf die zeitliche Struktur des Textes möchte ich ergänzen, dass ich das Adverb „schon" mehrmals verwendet habe, sowie ich „spüren", um die Präposition „nach" erweitert habe (vgl. S. 89). Als „optisch" auffällig zeigen sich das unterstrichene und um die Verneinung „nicht" ergänzende Adverb „mehr" und die Verwendung des mathematischen Ungleichheitszeichens (vgl. ebd.). Sehr auffällig gestaltet sich zudem das häufige Verwenden von Fragewörtern wie: „Was bedeutet es (…)?" (S. 89), „Was (…) für (…)?"(ebd.), „Warum (…)"(ebd.), „Was ist (…)?" (ebd.), „Was passiert, wenn (…)?" (ebd.), „Worin liegt es begründet (…)?" (S. 90), „Woher kommt (…)?" (ebd.). Hier nehme ich mit dem Fragewort „Was" vermehrt die Frage nach einer Tätigkeit oder einem Sachverhalt wahr. Ebenso fragte ich in meinen Notizen zu Waldenfels Ausführungen nach Ortsangaben („Woher") sowie nach Kausalität („Warum"). Auch indirekte Fragesätze sind zu finden wie bspw.: „Kann ich (…)?" (S. 89) und „Ist das (…)?" (ebd.). In dieser Verbindung kann ich weiterhin anführen, dass ich Interpunktionen zeitweise wider grammatikalischen Regeln verwendet habe. So habe ich Aussagen mit einem Fragezeichen anstelle eines Punktes und andersherum Fragen mit einem Punkt am Satzende versehen (vgl. S. 89f.). Eine doppelte Interpunktion habe ich in der Formulierung: „Ja und Nein!?" (S. 89) verwendet. Auf begrifflicher Ebene fällt mir die wiederholte Verwendung von den nachfolgend aufgeführten Substantiven, Adjektiven und Verben auf: „verengten" (ebd.), „auszuweiten" (ebd.), „Grenzen" (ebd.), „totalitär" (ebd.), „widersetzt" (ebd.), „Ordnungen" (ebd.), „Verschiebung" (ebd.), „provozieren" (ebd.), „Moment" (ebd.), „Zwischen" (ebd.), „Enge und Weite" (ebd.), „öffnen" (ebd.), „schließen sich nicht aus" (S. 90). Nicht zuletzt möchte ich anführen, dass meine Ausführung zu Waldenfels' Konzeption von Responsivität in seiner Publikation *Antwortregister* mit der einzigen Verwendung im Text von nicht-binärer Schrift im Rahmen eines Satzes endet, welcher lautet: „FRAGE IST IMMER SCHON ANTWORT" (ebd.).

Das führt mich zur Analyse meiner Ausführungen, die nun das phänomenologisch-performative Ergebnis meiner Untersuchung sein soll, womit ich beschreibe wie sich das Phänomen Responsivität bei Waldenfels zeigt bzw. wie er es in seiner Publikation *Antwortregister* konzipiert. Es dürfte deutlich geworden sein, dass Bernhard Waldenfels' Textpassage zur Responsivität bei

mir etliche Fragen nach Ort, Grund und Handlungen bzw. Sachverhalten aufgeworfen hat, die ich selbst während des Textes teilweise in Antworten durch
verkehrte Interpunktion umformuliert habe. Damit ist das erste Merkmal der
Konzeption Waldenfels' angesprochen, d.h. dass wir immer schon Antwor-
tende sind und jede Frage eine Antwort ist. Das zweite Merkmal, welches ich
nun herausarbeiten möchte, liegt in der radikalen Unsicherheit, die Waldenfels' Ausführungen bei mit provoziert haben. So fragte und antwortete ich
zugleich: „Gibt es überhaupt einen Effizienzgedanken? Doch, den gibt es"
(ebd.). Hier ist erstmal nach der generellen Existenz einer Tatsache gefragt,
um sie dann mit dem Adverb „doch" umso mehr festzustellen. Auch die Formulierung „Ja und Nein!?" (S. 89) unterstreicht zum einen die Unsicherheit –
durch die Ergänzung um das „?" – und zum anderen einen ambivalenten und
paradoxalen Charakter, der mich zum nächsten Charakteristikum führt. Das
Paradoxe, welches hier Teil der Konzeption von Responsivität ist, wird auch
in der durch das Unterstreichen betonten Formulierung „nicht mehr" (ebd.)
deutlich. Hier wird ein Überschuss negiert. Es gibt also einen Überschuss,
der gleichzeitig nicht ist, etwas ist an- und abwesend zugleich. Das führt mich
zu dem Aspekt des Zeitlichen der Konzeption. Größtenteils verfasste ich
meine Gedanken in der Zeitform des Präsens. Lediglich zur Feststellung der
Erfahrung von Responsivität bzw. dem fremden Anspruch habe ich das Prä-
teritum verwendet. Das zeigt, dass sich die Erfahrung nur im Nachhinein fassen lässt. Um sie jedoch zu erleben, müssen wir in gegenwärtiger Verfassung, nach der Konzeption von Waldenfels, sein. Die zitierten Substantive,
Adjektive und Verben weisen einen bewegenden, gewaltigen, chaotischen,
rebellischen, unbegrenzten und begrenzten, sortierten, verengten, harmlo-
sen Charakter zugleich auf. Das betont noch einmal den paradoxalen Charakter der Konzeption Waldenfels' und zugleich liegen hier jeweils Gegenpole
vor, die sich bedingen. Es ist also ein weiteres Spezifikum Waldenfels' Darstellung, dass es bei Responsivität um Gegensätzliches geht, was sich bedingt, also ohne einander nicht sein kann. Teilweise besitzen die Worte einen
angsteinflößenden gewalttätigen Charakter, was eine Intensität der Erfahrung veranschaulicht. Außerdem möchte ich von der formalen Ebene ausgehend, nämlich der fehlenden kausalen und temporalen Satzverbindung darauf hinaus, dass auch eine gewisse Unverbindlichkeit in der Konzeption vorliegt, um nicht zu sagen etwas Diastatisches. Die jeweiligen Satzteile (s.o.)

scheinen zusammenzugehören, bzw. erzeugen Sinn, obwohl etwas fehlt und sie unverbunden sind. Das Diastatische und Sinngenerierende ist also auch Element der Konzeption. Nicht zuletzt gehe ich auf das Ungleichheitszeichen, welches ich eingefügt habe, ein, was darauf verweisen mag, dass meine Erinnerungen nicht „=" der Konzeption von Responsivität sind, weil ich sie nie ganz fassen kann, sondern *eine* Weise der Erfassung bzw. des Gegenstands. Der Gegenstand, den ich beschreibe ist also nicht der Gegenstand, der zugrunde liegt – aber er zeigt sich mir, weswegen ich hier dennoch von einer objektiven Wirklichkeit sprechen kann.

Resümierend kann ich festhalten, dass ich anhand meiner Untersuchung feststellen konnte, dass das Folgende die Bestandteile von Waldenfels Konzeption von Responsivität sind:

- Die „Antwortlichkeit" jeder Frage und somit auch jeder Handlung,
- die Erfahrung einer existenz(verun)sichernden Radikalität,
- die paradoxale gleichzeitige An- und Abwesenheit von etwas,
- die nötige Gegenwärtigkeit für responsives Verhalten und das gleichzeitig nur im Nachhinein fassbare Erfahren dessen,
- die Bedingung von Gegensätzlichem,
- die Sinnerzeugung, die durch das Verbindliche des Unverbindlichen entsteht,
- der intensive Charakter einer Erfahrung im Sinne von Responsivität,
- und die Deckungsungleichheit meiner Erfassung der Konzeption Waldenfels' mit der Konzeption an sich, wobei hier dennoch von einer objektiven Wirklichkeit zu sprechen ist.

Ich fahre fort mit der nächsten Konzeption von Responsivität, also der von Dieter Mersch.

4.2 Dieter Mersch: Ereignis und Aura

Nachdem ich die Ergebnisse der Untersuchung Waldenfels' Konzeption zusammengefasst habe, komme ich zu den Ergebnissen der Empirie bei Mersch.

Dieter Mersch führt in *Ereignis und Aura* Responsivität in das ästhetische Feld, indem er sie mit der Ästhetik des Performativen in Verbindung bringt. Die Textpassage habe ich ausgewählt, da er Aura und Responsivität in diesem Teil seiner Publikation eingehender beleuchtet.

Wie auch bei der Untersuchung der Konzeption Waldenfels' möchte ich bei der Auswertung meiner Ausführung zu Dieter Merschs Konzeption von Responsivität[38] auf der inhaltlichen Ebene einsetzen. Auf die Ausführungen Dieter Merschs zur auratischen Erfahrung reagierte ich zusammengefasst mit bruchstückartigen Fragen bezüglich auratischer Erfahrung und mit der fließenden ausführlichen Schilderung eines subjektiven Erlebnisses.

Das möchte ich etwas näher erläutern. Zunächst fragte ich mich, ob es die Verantwortung für den Augenblick oder den Anderen sei, die uns erst autonom mache und führte den Denker Levinas an. Anschließend fragte ich mich, ob die Diastase verbindendes strukturelles Moment auratischer und responsiver Erfahrung sei, um daraufhin das von Mersch angeführte Bild des Jägers, der seine Beute schon vor Augen hat, mit dem Erfassen der auratischen Erfahrung im Nachhinein gleichzusetzen. Das führte mich zu der Erzählung eines Erlebnisses, das ich während eines Spaziergangs hatte, bei dem mir plötzlich ein Wiesel über den Weg lief und ich nicht ausmachen konnte, woher es kam und wohin es lief (vgl. S. 90). So fragte ich davon ausgehend, was das Plötzliche sei und, ob etwas Einheitliches zugrunde liege, was es auslöse. Weiterhin fragte ich nach dem Unterschied von Aisthesis und Responsivität, um dann zu fragen, wo das kreative Moment liege, wenn diese Bewusstseinsformen „einfach so" eintreten sollten. Unvermittelt kam ich anschließend zurück zu der Geschichte mit dem Wiesel, um diese dann in Verbindung mit alltäglichen Tätigkeiten zu bringen (vgl. S. 91). Anschließend fragte ich, ob *es*, das sich zeigt und geschieht, auch ohne mich sei und in anderen Zeitformen existiere, also nach dem Subjektivitätsverständnis in diesen Prozessen. Nicht zuletzt kam erneut die Geschichte der Begegnung mit dem Wiesel auf, die eine lyrische Ebene eröffnet.

Nun begebe ich mich auf die formale Ebene meiner Untersuchung. Meine Notizen zu den Erinnerungen an Merschs Ausführung zur Responsivität tei-

---

[38] Siehe S. 91f.

len sich auch strukturell in zwei Teile. Es gibt einen Teil, in dem ich die Geschichte meiner Begegnung mit dem Wiesel ausführe. Dieser Teil wechselt sich ab mit Fragen zu Responsivität und auratischer Erfahrung. Diese sind meist nicht in ganzen Fragesätzen formuliert und sehr häufig mit den mathematischen Zeichen „=" und „≠" verbunden. Zum Beispiel heißt es gleich zu Beginn: „Das Unverfügbare = das Unbelebbare?" (S. 90). Die Erzählung des Ereignisses bei dem Spaziergang ist hingegen in ganzen Sätzen und zum Schluss mit lyrischem Charakter verfasst (vgl. S. 90f.). In dem Teil, der fast ausschließlich aus Fragen besteht, fehlen häufig Verben (s. eben genanntes Beispiel). In der Erzählung hingegen lässt sich nicht wirklich eine Frage finden. Außer der Ergänzung „glaube?" (S. 91) am Rand, erscheint kein Interpunktionszeichen als Fragezeichen. Zu Beginn der Ausführung taucht häufiger das Substantiv „Bild" auf (vgl. S. 90). Zum Ende der Ausführung finde ich zweimal das Pronomen „es" als formales Subjekt vor (vgl. S. 91). Dies ist eine der wenigen Stellen, an denen ich auch Verben – vielmehr Konjugationen der Verben „geschehen" und „zeigen" – entdecke. Dieselbe Stelle weist eine „optische" Auffälligkeit auf, in dem ich durch drei Pfeile eine visuelle Abstufung meiner Notizen vorgenommen habe (vgl. ebd.). In den darauffolgenden lyrisch anmutenden Zeilen, welche mit den Worten „Zum Schluß noch mal das Wiesel:" (ebd.) eingeleitet werden, sind Fragewörter zu Aussagen geworden. Zur näheren Untersuchung zitiere ich die Zeilen direkt:

„Woher es kam und wohin es ist, weiß ich nicht.
Warum es kam, weiß ich nicht.
Ob ich ihm noch mal begegnen werde, weiß ich nicht.
Dass es ein Wiesel war, weiß ich.
Dass es mich gesehen hat, weiß [nachgehende Anmerkung: glaube?] ich.
Und, dass es plötzlich kam und ich mich erschrocken habe, weiß ich auch"(ebd.).

Hier wird ersichtlich, dass das Relativpronomen „das" als verbindendes Element fehlt. Betrachte ich die einzelnen Verse, wird mir deutlich, dass sich innerhalb jeder Zeile zwei Zeitformen befinden. Fünf von den Zeilen beginne ich mit einer Vergangenheitsform und beende ich im Präsens und die dritte Zeile verweist zu Beginn auf die Zukunft bzw. ist im Futur verfasst. Die ersten drei Verse enden mit der Aussage des lyrischen Ichs „weiß ich nicht" und die letzten drei enden mit den Worten „weiß ich". Bis hier hin soll die formale

Beschreibung meiner Notizen zu Merschs Ausführung gehen, sodass ich nun zur Analyse, also Merschs Konzeption von Responsivität übergehen kann. Dieter Mersch konzipiert auratische Erfahrung mit einer radikalen Zweiteilung, die sich nicht verbindet und dadurch ihren spezifischen Sinn erhält (vgl. Gedicht). Das erste Merkmal, welches ich feststelle, ist also stark diastatischer Natur. Dies wird in dem Gedicht durch die Variation der Zeiten unterstrichen. So trifft entweder das Futur oder eine Vergangenheitsform auf die Gegenwart. Es ist also eine zeitliche Verschiebung im diastatischen Sinne vorhanden, wie ich es bereits erwähnt habe. In dem Gedicht wird auch deutlich, dass sich (in)direkte Fragewörter („Woher", „Wohin", „Warum", „Ob") zu Aussagen transformieren. Ein weiteres Spezifikum ist also, dass Fragen zu Aussagen bzw. Antworten werden. Andere Fragen hingegen, die den „Gegenpart" zur Geschichte bilden, vermitteln der Konzeption von Mersch durch fehlende Verben einen statischen leblosen Charakter. Hiermit ist ein Aspekt angesprochen der, den Eindruck von Unlebendigen erweckt. Der Charakter des Unlebendigen wird verstärkt, wenn Aussagen gleichgesetzt werden. Der leblose Charakter wird in dem Frageteil aufgebrochen durch die Konjugationen der Verben „geschehen" und „ereignen". Hier ist plötzlich Bewegung in den Notizen, jedoch wird nun das „es" im buchstäblichen Sinne ausgeklammert. Das führt mich zu dem nächsten Merkmal der Konzeption, dem Erscheinen von etwas in der Gegenwart. Nachdem das „es" zunächst ausgeklammert wurde, wird es daraufhin mit dem Begriff des „Wiesels" gefüllt und findet darin seine Entsprechung bzw. wird zum Gleichnis und kann erscheinen. Das geht einher mit der häufigen „Rede" vom „Bild" in den ersten Zeilen. Die Thematik hat also ein Bild provoziert, was ich mit der Geschichte geliefert habe. Hiermit stelle ich das Kriterium der indirekten Rede von dem Phänomen der auratischen Erfahrung bzw. Responsivität heraus. In Verbindung mit dem vorherigen Kriterium kann ich behaupten, etwas zeigt sich also *als* etwas im Moment. Es bleibt am Ende meiner Analyse die Frage, in welchem Verhältnis ich/wir als Subjekt/e zu dieser Erfahrung stehe/n. Hier möchte ich die Abstufung anführen, die im Modus „responsiven" Verhaltens auf Merschs Ausführung entstand. Diese Abstufung fragt zuerst nach dem „es", dann nach dem Verhältnis des „es" zu mir, dann löse ich mich sehr weit vom „es", um schließlich stichpunktartig zu fragen: „Auch ohne mich da?". Hier wird der letzte Aspekt, den ich ausgehend von Dieter Merschs Konzeption der Responsivität ansprechen möchte, deutlich, welcher auf zutiefst existenzieller Ebene in der Frage nach unserer Verbindung zur Welt und zum Lebendigen und somit zu den Antonymen besteht. Es wird an dieser Stelle also an der eigenen Existenz „gerüttelt" bzw. auf sie verwiesen.

Zusammenfassend kann ich nun die folgenden Punkte, als merkmalsaufweisenden Charakter von Merschs Konzeption zur Responsivität anführen. An Responsivität zeigt sich Mersch zufolge:

- Die zeitliche Verschiebung als diastatische Struktur,
- der dadurch spezifische generierte eintretende Sinn,
- die Transformation von Fragen in Aussagen bzw. Antworten,
- das plötzliche Erscheinen von etwas *als* etwas in der Gegenwart, weswegen dieses etwas im Nachhinein vor allem in der indirekten Rede präsent werden kann,
- die Unfassbarkeit des Lebendigen durch direkte Thematisierung bzw. die Anwesenheit eines Phänomens durch seine Abwesenheit,
- und nicht zuletzt der nachhallende Charakter mit dem der fremde Anspruch an unserer Eigenheit und unserem „In-der-Welt-sein" rüttelt, der uns zugleich auch konstituiert.

Nicht zuletzt führe ich im weiteren Verlauf nachdem ich Waldenfels' und Merschs Konzeptionen der Responsivität untersucht habe, Martin Seels Konzeption aus.

4.3 Martin Seel: Ästhetik des Erscheinens

Schließlich möchte ich mich der Konzeption von Martin Seels Begriff des Erscheinens widmen, um daraufhin alle Konzeptionen zusammenführen zu können und ein invariantes Moment der Konzeptionen herauszustellen. Martin Seel ist in diesem Kontext sozusagen der Exot unter den drei Philosophen, deren Ausführungen ich hier zum Thema mache. Während Dieter Mersch konstatiert, die auratische Erfahrung finde „ihre Struktur im Responsiven" (Mersch 2002, 53) und ich somit behaupten kann, er thematisiere das Phänomen der Responsivität bzw. konzipiere es und Waldenfels die Theorie der Responsivität begründet hat, ist bei Seel das Phänomen, welches das

Zentrum dieser Studie bildet, nicht direkt angesprochen. Doch im Hinblick auf Jens Roselts Ansicht, es ginge bei Momenten responsiver Struktur, um „einen paradigmatischen Vorgang des In-Erscheinung-Tretens" (Roselt 2008, 193) wird Seels Ausführung zur Differenzierung von „Erscheinung" und „Erscheinen" für diese Studie interessant. Daher habe ich für diese Studie als dritte Konzeption von Responsivität die Textpassage aus Seels *Ästhetik des Erscheinens* zur Differenzierung der Begriffe „Erscheinung" und „Erscheinen" gewählt. Zusätzlich habe ich bereits darauf hingewiesen, dass die Phänomenologin Depraz das Variieren des Kontexts, in dem sich der Gegenstand befindet als förderlich für den Grad der Differenziertheit eines Untersuchungsergebnisses erachtet. So experimentiere ich mit der Hinzunahme der ästhetischen Wahrnehmung durch Seels Konzeption gewissermaßen mit den Kontexten. An dieser Stelle wird vielleicht ersichtlich welches Verhältnis zur Kreativität und künstlerischem Tun responsivem Verhalten inneliegt – ich erinnere daran, dass diese Frage in den beiden vorangegangenen Konzeptionen aufgeworfen wurde. Nicht zuletzt liegt der Beweggrund für die Entscheidung, sich Seels Ausführungen als Grundlage für die Konzeption von Responsivität zu bedienen, in dem bereits thematisierten Sachverhalt des politischen Versprechens. Ich handelte mit der mimetisch anmutenden Verfassung meines Werktagebuchs performativ im Sinne Wulfs und ich zitiere wiederholt Butler, die feststellt: „genau darin, dass der Sprechakt [hier wäre es Responsivität] eine nicht-konventionelle Bedeutung annehmen kann, dass er in einem Kontext funktionieren kann, zu dem er nicht gehört, liegt das politische Versprechen der performativen Äußerung" (Butler 2006, 252). Damit meine ich, dass ich eventuell mit Seels Konzeption – vor dem Hintergrund der nun aufgeführten Inhalte betrachte ich diese von nun an auch als eine Konzeption der Responsivität – etwas Neues für die Konzeption von Responsivität gewinnen kann. Denn, wenn ich Invariantes zwischen Waldenfels, Merschs und Seels Konzeptionen finde, heißt es, dass Schnittmengen zwischen ästhetischer und responsiver Wahrnehmung vorliegen.

Ich beginne wie gehabt mit der inhaltlichen Zusammenfassung meiner Ausführung zu den Konzeptionen von Responsivität, diesmal der von Martin

Seel.[39] Seels Konzeption fasste ich zusammen mit der Beschreibung der ästhetischen und theoretischen Wahrnehmung und der Verbindung zu der
Frage sowie der Frage an sich nach Subjektivität und Objektivität in der
Wahrnehmung. Ich habe meine Notizen mit der Beschreibung des Beispiels
von dem Ball begonnen, der für mich ästhetisch divers Erscheinen kann oder
begrifflich fixiert eine Erscheinung nämlich die des Balls sein kann. Daraufhin
notierte ich mir, dass beide Formen der Wahrnehmung nicht ohne einander
denkbar sein. Der theoretischen Wahrnehmung konstatierte ich gegenüber
der ästhetischen eine qualitative Minderwertigkeit, um mich daraufhin der Definition des Spielbegriffs zu widmen (vgl. S. 91). Anschließend stellte ich fest,
dass ein Gegenstand nicht mit seinem Erscheinen gleichzusetzen ist, um da-
nach nach dem (Zusammen-)Spiel der Erscheinungen zu fragen. Daran
knüpfte ich den historischen Kontext, der im begrifflich fixierenden Modus
mitzudenken ist, an. Um dann nach den Minimalanforderungen und der Urheberschaft eines Spiels, welches einen Gegenstand zum Erscheinen bringt,
zu fragen und somit das Verweilen als Bedingung miteinzubeziehen. Anschließend kam ich auf die Unmöglichkeit der vollen Erfassung eines Gegenstands und fragte nach einer Objektivität der Wahrnehmung (vgl. S. 92).
Nach einem weiteren Fragespiel zur Objektivität und Subjektivität nahm ich
noch kurz den zeitlichen Aspekt ästhetischer Wahrnehmung in den Blick, um
dann erneut zur Objektivität und Subjektivität im Sinne des „Sich-einander-
bedingens" zu kommen (vgl. ebd.).
Nun möchte ich Seels Konzeption von Responsivität auf der formalen Ebene
angehen. Zu Beginn der Darstellung kommt es dreifach zu einer Formulierung, die eine modale Satzverbindung in sich birgt, welche lautet: „der Ball
als etwas" (ebd.). Ebenso oft wiederholt sich das Adverb „andersherum"
(ebd.). Insgesamt gestaltet sich meine Erinnerung an Seels Konzeption
wechselhaft in ganzen und unvollständigen (Frage-)Sätzen. Eine doppelte
Interpunktion weist der letzte Satz: „Subjektivität bedingt Objektivität und andersherum!?" (ebd.) auf. An einer Stelle fällt auf, dass ich eine dreifache Interpunktion gesetzt habe: „Begriffliches Fixieren für alltägliches Handeln und
ästhetisches für... (für was für ein Handeln) gut?" (ebd.). Nehme ich sehr

---

[39] Siehe S. 92f.

assoziiert auf der letzten Seite meiner Notizen alle Elemente, die ich der Mathematik entnommen habe zusammen, komme ich auf die Formel: „Subjektivität + Objektivität = gegenwärtig → im Nachhinein beschreibbar" (vgl. ebd.). Weiterhin ist die Aussage bzw. Frage: „Objektivität erfasst meine Subjektivität?" (vgl. ebd.) eingekreist. Unterstrichen ist das Personalpronomen „ich" (ebd.) in Verbindung mit der Urheberschaft ästhetischer Erfahrung und das Adjektiv „wirklich" (ebd.) in Verbindung mit dem Gegenstand, den ich im ästhetischen Wahrnehmungsmodus vernehme.

Nun gelange ich zur letzten Analyse der Konzeptionen von Responsivität. Die modale Verbindung „als", d.h. dass etwas (hier der Ball) als etwas erscheint deutet darauf hin, dass Seel in seiner Konzeption eine Gleichzeitigkeit und Einmaligkeit zugrunde legt. Hier mache ich das erste Merkmal der Konzeption fest. Die wiederholte Verwendung des Adverbs „andersherum" führt das nächste Charakteristikum an, was für mich, in dem Kriterium des Richtungswechsels besteht. Etwas kommt von einer anderen Richtung entgegen auf uns zu. Auch bei Seel finde ich z.B. durch doppelte Verwendung von Interpunktionszeichen ein Gleichsetzen von Frage und Antwort bzw. Aussage vor. Das dreifache Setzen des Interpunktionszeichens „." erzeugt einen Zwischenraum, der eine Frage auf struktureller Ebene beantwortet. Inhaltlich zielt die Frage auf den Zweck ästhetischen Handelns im Vergleich zu alltäglichem bzw. dem theoretischen Handeln. Mit Seel könnte ich behaupten ästhetische Wahrnehmung sensibilisiere für genau solche Räume des Zwischen(menschlichen) und so entzieht sich uns gleichzeitig der Zweck, da er nicht benannt werden kann. Ich habe eben die Lücke nicht mit Wörtern, sondern mit „…" – also einem Zwischenraum – gefüllt. Das ist also ein Merkmal, welches ich Seel in seiner Ausführung unterstelle, dass ästhetische Wahrnehmung auf Bereiche des Zwischen zielen und sich das Zwischen unserer Definition entzieht. In diesem Prozess kommt es dann auch dazu, analysiere ich anhand Seels Konzeption, dass sich nach meiner mathematisch sehr frei assoziierten Formel, Objektivität und Subjektivität in der gegenwärtigen sinnlichen Präsenz (eines Gegenstands) vereinen – hiermit ist das nächste Spezifikum ästhetischer Wahrnehmung beleuchtet. Umkreist gewesen ist die Aussage, Objektivität erfasse meine Subjektivität und unterstrichen habe ich die Worte „ich" in der Frage nach der Urheberschaft ästhetischen Erscheinens und „wirklich" in Bezug auf den Gegenstand. Das verleitet mich zu der letzten Annahme, Seel weise mich darauf hin, dass wir zwar von den Gegenständen oder einer Wirklichkeit erfasst werden, also erstmal nicht Initiator*innen sind, aber dann mit dem Gegenstand wirklich gegenwärtig werden und uns konstituieren. Damit ist das letzte Merkmal, welches ich anführen möchte, angesprochen, die Konstitution unserer Eigenheit durch ästhetisches Wahrnehmen.

Ich fasse zusammen. Martin Seel konzipiert Responsivität mit den nachfolgenden Charakteristika:

- Der Gleichzeitigkeit und Einmaligkeit des Erscheinens,
- das aus einer anderen Richtung uns entgegen kommt,
- das Frage und Antwort gleichsetzt,
- das sich im Zwischenraum ereignet, der sich unser begrifflichen Fixierung entzieht,
- das Objektivität und Subjektivität gegenwärtig fusionieren lässt
- und unsere Eigenheit in dem Moment konstituiert.

Nachdem ich die Untersuchungsergebnisse der Studien Waldenfels', Merschs und Seels dargestellt habe, kann ich nun den Vergleich hinsichtlich der Schnittmengen vollziehen.

4.4 Konzeptionen von Responsivität bei Waldenfels, Mersch und Seel

Nun stellt sich die Frage, nach dem Invarianten der Konzeptionen von Responsivität bei Waldenfels, Mersch und Seel, was das Phänomen Responsivität am Ende der Epoché zum Vorschein kommen lässt. Hierfür lege ich die herausgearbeiteten Stichpunkte übereinander und schaue an welchen Stellen es zu einer Deckungsgleichheit kommt (s. Abbildung 5)[40].

Ich komme zu dem Ergebnis, dass alle drei hier behandelten Positionen Fragen und Aussagen gleichsetzen. So kann ich erstens schlussfolgern, dass sich im responsiven Geschehen, Dinge mit einer gewissen Selbstverständ-

---

[40] An dieser Stelle sei eine Anmerkung zu der Tabelle gemacht. Teilweise sind Merkmale, die ein Philosoph angeführt hat, doppelt aufgelistet, da sie sich kongruent zu mehreren Aussagen der anderen Philosophen verhalten.

lichkeit ereignen und zugleich mit einer Fraglichkeit behaftet zu sein scheinen. Zweitens, scheint unsere Eigenheit in Momenten des Erscheinens fremder Ansprüche oder ästhetischer Gegenstände radikal in Frage gestellt und
zugleich konstituiert zu werden. Drittens, scheint es eine Präsenz im Sinne
einer Nicht-Präsenz zu geben. Etwas ist anwesend, in dem es abwesend ist,
womit ein paradoxales Moment angesprochen wäre. Viertens, scheint allen
dreien zufolge etwas singulär simultan und momentan in der Gegenwart zu
erscheinen, was wir nur rückwirkend zu fassen bekommen. Fünftens, gelangt
eine Bedingtheit von Gegensätzlichem, was sich gegenseitig erst erzeugt zur
Aufdeckung. Nicht zuletzt, sechstens, liegt eine Parallele der Konzeptionen
in dem erzeugten Sinn durch eine gewisse Verbindlichkeit des Unverbindlichen in dem Moment.

Diese sechs Kriterien sind also die Errungenschaften, die ich phänomenologisch-performativ durch meine Untersuchung der Konzeptionen Waldenfels',
Merschs und Seels in Hinsicht auf den dieser Studie zugrunde liegenden Gegenstand der *Responsivität* herauskristallisieren konnte. Da ich Gemeinsam-
keiten zwischen den Konzeptionen von Waldenfels, Mersch und Seel finden
konnte, kann ich an dieser Stelle festhalten, dass ästhetische Wahrnehmung
eindeutig Schnittmengen mit Wahrnehmung in responsiven Momenten und
dem Erscheinen eines Gegenstands aufweist. Das zeigt noch einmal, dass
Waldenfels Theorie der Responsivität innerhalb der Phänomenologie zu verorten ist.

Nachdem ich die Analyse der Konzeptionen abgeschlossen habe, möchte
ich mit dem folgenden Eindruck die Untersuchung abschließen und zu dem
Fazit und Ausblick meiner Studie überleiten: Trotz einer immensen Präsenz
meines Gegenstands bleibt mir seine Herkunft, der Ort seiner Entstehung,
seines Ursprungs schleierhaft. Es folgt die tabellarische Übersicht der
Schnittmengen der Konzeptionen.

	WALDENFELS	MERSCH	SEEL
Erstens	Die „Antwortlichkeit" jeder Frage und somit auch jeder Handlung	Die Transformation von Fragen in Aussagen bzw. Antworten	Das Gleichsetzen von Frage und Antwort
Zweitens	Die Erfahrung einer existenz(verun)sichernden Radikalität	Der gewaltige Charakter mit dem der fremde Anspruch an unserer Eigenheit und unserem „In-der-Welt-sein" rüttelt, der uns zugleich auch konstituiert	Die Konstitution unserer Eigenheit in dem Moment
Drittens	Die paradoxale gleichzeitige An- und Abwesenheit von etwas	Die Unfassbarkeit des Lebendigen durch direkte Thematisierung bzw. die Anwesenheit eines Phänomens durch seine Abwesenheit	Das Ereignis, das sich im Zwischenraum vollzieht und sich der begrifflichen Fixierung entzieht
Viertens	Die nötige Gegenwärtigkeit für responsives Verhalten und das gleichzeitig nur im Nachhinein fassbare Erfahren dessen	Das plötzliche Erscheinen von etwas *als* etwas in der Gegenwart, weswegen dieses etwas im Nachhinein vor allem in der indirekten Rede präsent werden kann/ Die zeitliche Verschiebung als diastatische Struktur	Die Gleichzeitigkeit und Einmaligkeit des Erscheinens
Fünftens	Die Bedingung von Gegensätzlichem	Die Unfassbarkeit des Lebendigen durch direkte Thematisierung bzw. die Anwesenheit eines Phänomens durch seine Abwesenheit	Die gegenwärtige Vereinigung von Objektivität und Subjektivität im Modus ästhetischer Erfahrung
Sechstens	Die Sinnerzeugung, die durch das Verbindliche des Unverbindlichen entsteht	Der dadurch spezifische generierte eintretende Sinn	Die gegenwärtige Vereinigung von Objektivität und Subjektivität im Modus ästhetischer Erfahrung

Abbildung 5: Konzeptionen von Responsivität bei Waldenfels, Mersch und Seel.

5 Fazit und Ausblick

Diesem Fazit und Ausblick der Studie ging voran, dass ich das Invariante des Nicht-Phänomens *Responsivität* herausgestellt und somit mein Ergebnis der phänomenologisch-performativen Untersuchung zusammengefasst und prä-sentiert habe. Nun möchte ich diese Studie mit einigen weiterführenden Ge-danken zu diesem Phänomen – auch auf das Berufsfeld der Sozialen Arbeit bezogen – abschließen.

Meine Empirie der Konzeptionen Waldenfels', Merschs und Seels hat mich Hinterlassen mit dem Eindruck, trotz detaillierter Betrachtung von Responsi-vität keine Informationen über ihren Ursprung bzw. den Entstehungsgrund und -ort responsiver Momente herausgefunden zu haben.

Das führt mich zu dem Bild, welches ich in der Einleitung dieser Studie ver-sucht habe formalästhetisch zu beschreiben. Das Bild, welches aus einer Szene des Films *Stalker* entnommen ist, mag diesen Umstand, der Uner-gründlichkeit des Gegenstands, der mich dermaßen in den Bann ziehen, mei-ner Existenz berauben und sie mir dadurch geben kann, veranschaulichen. In der Beschreibung ist es mir nicht gelungen die betrachtende Person nicht mitzudenken, es ist als ob sie mit im Bild ist und zugleich ist eine Anonymität der Perspektive gegeben, die uns eindeutig zeigt, es gibt einen Ort, zu dem wir nicht gelangen können, der uns nicht verfügbar ist, sondern den wir nur zu spüren bekommen können. Das erinnert an den Nicht-Ort des Fremden und entzieht sich somit unserer Definition. Da dort auch unsere Eigenheit konstituiert wird, bleibt Lebendiges und Eigenes für uns letztlich unergründ-lich, was erklären mag, warum die Phänomenologie, die alles Seiende zu ihrem Untersuchungsgegenstand erklärt, ebenfalls nicht vollends definierbar ist. Die nicht herausfindbare Herkunft mag auch erklären, warum wir in der responsiven Antwort geben, was wir nicht haben, also performativ sind. Wir können unser Verhalten nicht im Vorhinein bestimmen, wenn wir den Ur-sprung nicht kennen. Kathrin Busch führt hierzu an, dass unser Fühlen, Er-fahren und Denken wesentliche Impulse durch das Unmögliche, -verfügbare und -machbare erhalten (vgl. Busch 2011, 293).

Das leitet mich zum Handeln in der Sozialen Arbeit, dass das perspektivische Moment dieses Kapitels beinhaltet. Sich dieser Tatsache bewusst zu sein und somit offen für Plötzliches zu sein, kann gerade in den Berufsfeldern der Sozialen Arbeit, in denen uns die „Nicht-Technologisierbarkeit" der Welt bewusst sein sollte, hilfreich sein. Sich dem Lebendigen gewahr zu sein, bedeutet in diesem Sinne Kontingenz zuzulassen. Damit bin ich auch methodisch am Ende meiner Studie angelangt, d.h. an dem Punkt der transzendentalen Subjektivität – von dem aus ich auch wieder zum Beginn meiner Studie gelangen kann –, denn mir zeigt sich schließlich, eine *kontingente* grundlegende transzendentale Konstitution von „Ich" und „Welt".

6 Literaturverzeichnis

Böhme, Gernot (1995): Atmosphäre. Essays zur neuen Ästhetik. Frankfurt am Main: Suhrkamp.

Borgdorff, Henk (2007): Der Modus der Wissensproduktion in der künstlerischen Forschung. In: Gehm, Sabine/Husemann, Pirkko/Von Wilcke (Hrsg.): Wissen in Bewegung. Perspektiven der künstlerischen und wissenschaftlichen Forschung im Tanz. Bielefeld; Transcript, S. 73-80.

Busch, Kathrin (2011): Bernhard Waldenfels: Kultur als Antwort. In: Moebius, Stephan/ Quadflieg, Dirk (Hrsg.): Kultur. Theorien der Gegenwart. Wiesbaden: VS, S. 290-299.

Butler, Judith (2006): Hass spricht. Zur Politik des Performativen. Frankfurt am Main: Suhrkamp.

Danner, Helmut (2006): Methoden geisteswissenschaftlicher Pädagogik. Einführung in Hermeneutik, Phänomenologie und Dialektik. 5., überarb. u. erw. Aufl. München/Basel: Ernst Reinhardt (UTB).

Därmann, Iris (1998): Fremdgehen: Phänomenologische „Schritte zum Anderen". In: Münkler, Herfried (Hrsg.): Herausforderung durch das Fremde. Berlin: Akademie, S. 461-544.

Därmann, Iris (2011): der/die/das Andere. In: Kolmer, Petra/Wildfeuer, Armin (Hrsg.): Neues Handbuch philosophischer Grundbegriffe. Freiburg/ München: Karl Alber, S.113-124.

Depraz, Natalie (2012): Phänomenologie in der Praxis. Eine Einführung. München: Karl Alber.

Diaz, Bone (2011): Die Performativität der Sozialforschung. Sozialforschung als Sozio-Epistemologie: http://www.ssoar.info/ssoar/bitstream/handle/document/33023/ssoar-hsr-2011-1-diaz-bone-Die_Performativitat_der_Sozialforschung _.pdf?sequence=1. [Zugriff: 24. Juni 2017].

Diemer, Alwin (1956): Edmund Husserl. Versuch einer systematischen Darstellung seiner Phänomenologie. Meisenheim am Glan: Anton Hain.

Fischer-Lichte, Erika (1998): Auf dem Wege zu einer performativen Kultur. In: Paragrana 7 (1). Internationale Zeitschrift für Historische Anthropologie, S.13-29.

Fischer-Lichte, Erika (2003): Performativität und Ereignis. In: Dies./Horn, Christian/Umathum, Sandra/Warstat, Matthias (Hrsg.): Performativität und Ereignis. Tübingen: Franke, S. 11-37.

Fischer-Lichte, Erika (2004): Ästhetik des Performativen. Frankfurt am Main: Suhrkamp.

Gelhard, Andreas (2007): Diastase und Diachronie – Levinas mit Waldenfels. In: Busch, Kathrin/Därmann, Iris/Kapust, Antje (Hrsg.): Philosophie der Responsivität. Festschrift für Bernhard Waldenfels zum 70. Geburtstag. München: Wilhelm Fink, S. 49-59.

Heidegger, Martin (1977/1927): Sein und Zeit. 14. Überarb. Aufl. Tübingen: Max Niemeyer, i.O. Être et Temps. Paris: Gallimard.

Hentschel, Ingrid (2015): Eine Kultur der Vielfalt. Reziprozität und Wechselseitigkeit in der TheaterStudie der Theaterwerkstatt Bethel. In: Grosse, Thomas/Niederreiter, Lisa/Skladny, Helene (Hrsg.): Inklusion und Ästhetische Praxis in der Sozialen Studie. Weinheim: Beltz Juventa, S. 129-149.

Hentschel, Ingrid (2016): ‚Der Gegensatz von Spiel ist nicht Ernst, sondern Wirklichkeit!' Spielverlust und Deep Play. Über performative Paradigmenwechsel im Theater der Gegenwart. In: Dies.: Theater zwischen Ich und Welt. Bielefeld: Transcript, S. 231-251.

Hoffarth, Britta (2009): Performativität als medienpädagogische Perspektive. Wiederholung und Verschiebung von Macht und Widerstand. Bielefeld: Transcript.

Hoffmann, Thomas/Stahnisch, Frank W. (Hrsg.) (2014): Kurt Goldstein. Der Aufbau des Organismus. Einführung in die Biologie unter besonderer Berücksichtigung der Erfahrungen am kranken Menschen. München: Wilhelm Fink.

Kapust, Antje (2007): Responsive Philosophie: Darlegung einiger Grundzüge. In: Busch, Kathrin/Därmann, Iris/Dies. (Hrsg.) (2007): Philosophie der Responsivität. Festschrift für Bernhard Waldenfels zum 70. Geburtstag. München: Wilhelm Fink, S. 15-34.

Kapust, Antje (2013): Responsivität: Bernhard Waldenfels. In: Gröschner, Rolf/Dies./Lembcke, Oliver (Hrsg.): Wörterbuch der Würde. München: Wilhelm Fink, S. 107-109.

Matt-Windel, Susanna (2010): Gütekriterien dialog-phänomenologischer For-
schung. In: Muth, Cornelia/Nauerth, Annette (Hg.): Vertrauen gegen
Aggression. Das Dialogische Prinzip als Mittel der Gewaltprävention.
Schwalbach: Wochenschau, S. 57-71.

Matt-Windel, Susanna (2014a): Ungewisses, Unsicheres und Unbestimmtes.
Eine phänomenologische Studie zum Pädagogischen in Hinsicht auf
LehrerInnenbildung. Stuttgart: ibidem.

Matt-Windel, Susanna (2014b): Ich kenne den Weg nicht. Nicht-Wissen und
Nicht-Können – Radikalhumanistisches zu Haltung. In: Muth, Cornelia
(Hrsg.): Ein Wegweiser zur dialogischen Haltung. Dialogische Praxis-
forschung in Berufsfeldern von Sozialer Arbeit und Pädagogik der Kindheit. Stuttgart: ibidem, S. 93-112.

Matt-Windel, Susanna/Muth, Cornelia/Peter, Sabine (2013): Dialogische Pädagogik in Lehre und Forschung – dargestellt am Dante-Projekt zur
Gewaltprävention an der Fachhochschule Bielefeld. In: Heimgartner,
Arno/Lauermann, Karin/Sting, Stephan (Hrsg.): Perspektiven der Ak-
teurInnen in der Sozialen Arbeit. Wien, Münster: LIT, S. 43-52.

Merleau-Ponty, Maurice (1966/1945): Phänomenologie der Wahrnehmung.
Berlin: Walter de Gruyter, i.O. Phénoménologie de la Perception. Paris:
Gallimard.

Merleau-Ponty, Maurice (2007): Zeichen. Hamburg: Felix Meiner.

Mersch, Dieter (2002): Ereignis und Aura. Untersuchungen zu einer Ästhetik
des Performativen. Frankfurt am Main: Suhrkamp.

Muth (2004): Zur Performanz von Spiritualität oder „was ist, ist heilig"? In:
Hentschel, Ingrid/Hoffmann, Klaus (Hg.): Theater – Ritual – Religion.
Scena. Beiträge zu Theater und Religion, Bd. 1, Münster: LIT, S. 243-
250.

Muth, Cornelia (2015): Das Zwischen. Eine dialog-phänomenologische Perspektive. Köln: gik.

Pfeiffer, Malte (2012): Performativität und Kulturelle Bildung:
https://www.kubi-online.de/artikel/performativitaet-kulturelle-bildung
[Zugriff: 24. Juni 2017].

Roselt, Jens (2008): Phänomenologie des Theaters. München: Wilhelm Fink.

Sabisch, Andrea (2007): Inszenierung der Suche. Vom Sichtbarwerden ästhetischer Erfahrung im Tagebuch. Bielefeld: Transcript.

Schmidt, Melanie (2013): Performativität: http:/gender-glossar.de/glossar/ item/22-performativitaet [Zugriff: 24. Juni 2017].

Seel, Martin (2003): Ästhetik des Erscheinens. Frankfurt am Main: Suhrkamp.

Seitz, Hanne (2008): Kunst in Aktion. Bildungsanspruch mit Sturm und Drang. Plädoyer für eine performative Handlungsforschung. In: Pinkert, Ute (Hrsg.): Körper im Spiel: Wege zur Erforschung theaterpädagogischer Praxen. Uckerland: Schibri, S. 28-45.

Seitz, Hanne (2012): Performative Research: https://www.kubi-online.de/artikel/performative-research [Zugriff: 25. Juni 2017].

Thielicke, Virginia (2016): Antworten auf Aufführungen. Ein erfahrungsorientiertes Rezeptionsverfahren für die Theaterpädagogik. München: Kopaed.

Vetter, Helmuth (2004): Wörterbuch der phänomenologischen Grundbegriffe. Hamburg: Felix Meiner.

Volbers, Jörg (2014): Performative Kultur. Eine Einführung. Wiesbaden: VS.

Waldenfels, Bernhard (1992): Antwort und Verantwortung. In: Friedrich Jahresheft 10, S. 139-141.

Waldenfels, Bernhard (1994): Response und Responsivität in der Psychologie. In: Journal für Psychologie 2 (H. 2), S. 71-80: https://www.ssoar.info/ssoar/bitstream/handle/document/2057/ssoar-journpsycho-1994-2-waldenfels-response_und_responsivitat_in_der. pdf?sequence=1 [Zugriff: 25. Juni 2017].

Waldenfels, Bernhard (1995): Erfahrung des Fremden in Husserls Phänomenologie. In: Ders.: Deutsch-Französische Gedankengänge. Frankfurt am Main: Suhrkamp, S. 51-68.

Waldenfels, Bernhard (1998): Antwort auf das Fremde. Grundzüge einer responsiven Phänomenologie. In: Därmann, Iris/Ders. (Hrsg.): Der Anspruch des Anderen. Perspektiven phänomenologischer Ethik. München: Wilhelm Fink, S. 35-49.

Waldenfels, Bernhard (2002): Bruchlinien der Erfahrung. Frankfurt am Main: Suhrkamp.

Waldenfels, Bernhard (2008): Das Fremde denken. In: Zeithistorische Forschungen/ Studies in Contemporary History 4, S. 361-368.

Waldenfels, Bernhard (2013): Sinnesschwellen. Studien zur Phänomenologie des Fremden III. 3. Aufl. Frankfurt am Main: Suhrkamp.

Waldenfels, Bernhard (2016): Antwortregister. 2. Aufl. Frankfurt am Main: Suhrkamp.

Waldenfels, Bernhard (2016a): Topographie des Fremden. Studien zur Phänomenologie des Fremden I. 7. Aufl. Frankfurt am Main: Suhrkamp.

Westphal, Kristin (2001): Bildung als Antwortgeschehen. In: Pädagogische Rundschau 55 (H.5), S. 543-552.

Westphal, Kristin (2014): Fremdes in Bildung und Theater/Kunst. In: Deck, Jan/Primavesi, Patrick (Hrsg.): Stop Teaching! Neue Theaterformen mit Kindern und Jugendlichen. Bielefeld: Transcript, S. 125-138.

Westphal, Kristin/Zirfas, Jörg (2014): Kulturelle Bildung als Antwortgeschehen in phänomenologischer Perspektive. In: Jörissen, Benjamin/Klepaci, Leopold/Liebau, Eckart (Hrsg.): Forschung zur Kulturellen Bildung. Grundlagenreflexionen und empirische Befunde. München: Kopaed, S. 55-67.

Wiesing, Lambert (2009): Das Mich der Wahrnehmung – Eine Autopsie. Frankfurt am Main: Suhrkamp.

Woo, Joeng-Gil (2007): Responsivität und Pädagogik. Die Bedeutung der responsiven Phänomenologie von Bernhard Waldenfels für die aktuelle phänomenologisch orientierte Erziehungsphilosophie. Hamburg: Dr. Kovac.

Wulf, Christoph/Göhlich, Michael/Zirfas, Jörg (2001): Sprache, Macht und Handeln – Aspekte des Performativen. In: Dies. (Hrsg.): Grundlagen des Performativen. Eine Einführung in die Zusammenhänge von Sprache, Macht und Handeln. Weinheim/München: Juventa.

Zahavi, Dan (2007): Phänomenologie für Einsteiger. Paderborn: Wilhelm Fink (UTB).

7 Abbildungsverzeichnis

*Abbildung 1: Andrei Tarkowski – Stalker (1979): Raum der Wünsche
http://offscreen.com/images/stalker_wishingroom.jpg [abgerufen
am 2.7.2017]* *11*
Abbildung 2: Die Epoché nach Edmund Husserl, (Danner 2006, 138) *28*
Abbildung 3: Antworten auf Aufführungen, (Thielicke 2016, 109). *45*
*Abbildung 4: Zusammenführung phänomenologischer und performativer
Strategien.* *48*
*Abbildung 5: Konzeptionen von Responsivität bei Waldenfels, Mersch
und Seel.* *80*

8 Anhang

Werktagebuch

Das Werktagebuch ist als Download verfügbar unter:
www.ibidem-verlag.de/downloads/9783838211671.zip

Erkenntnis-/Gewahrseinsprotokolle

WALDENFELS: Antwortregister, 2. Aufl. F.a.M.: Suhrkamp 2016, 320-336.

- Das Sagen tritt durch das Gesagte hervor. Aber scheinbar nicht immer. Wenn ich eine Antwort im „verengten" Sinne gebe, kommt ein Informationsgehalt zur Geltung, aber ich verhalte mich nicht responsiv.
- Was bedeutet es einen Begriff auszuweiten? Was werden für Grenzen benötigt, damit er nicht totalitär wird? Warum sollte ein Begriff nicht totalitär werden? Einen Begriff, der totalitär ist, kann man nicht fassen.
- Responsivität bzw. der fremde Anspruch von dem diese ausgeht lässt sich nicht fassen. Sie widersetzt sich Ordnungen und muss in Relation zu diesen stehen, um existieren zu können oder andersherum: Ordnungen müssen in Verbindung zum Fremden stehen damit sie existieren können. Wir müssen uns also unserer geschaffenen lebensweltlichen Entwürfe bewusst, im Sinne von der Verbindung mit dem nicht von uns Geschaffenen, sein?
- Verantwortung übernehmen bedeutet also sich dem Unverfügbaren bewusst zu sein.
- Was ist das Unverfügbare? Das kann ich nicht erfahren? Denn wenn ich es erfahren habe, ist es schon erfahren. Ist das die Diastase? Die zeitliche Verschiebung?
- Kann ich responsives Verhalten provozieren? Ja und Nein!? Tritt im künstlerischen Tun Responsivität verstärkt hervor? Warum ist ein responsives Moment ≠ einem performativen Moment? Es vollzieht sich im antwortenden Verhalten nicht mehr das Fremde – es war schon da. Während im Performativen

die Wirklichkeit konstituiert wird durch eine Handlung. Aber um eine gute Performance abzulegen muss das Fremde vllt. auch schon vorher eingetreten sein, damit etwas im Zwischen passieren kann und es nicht beliebig bleibt. → Diastase in der Performanz?

- Enge und Weite. Unser Alltag basiert wahrscheinlich vielmehr auf einen engen Antwortbegriff, denn wir haben kaum Zeit, um den Dingen nachzuspüren, uns zu öffnen für responsives Verhalten. Was passiert, wenn ich mein Antworten im weiten Sinne denke – im Alltag?
- Worin liegt es begründet, dass wir dem kaum Wert zugestehen in unserer Gesellschaft? Woher kommt der Effizienzgedanke? Gibt es überhaupt einen Effizienzgedanken? Doch, den gibt es.
- Ich glaube, Responsivität und Alltag schließen sich nicht aus. Es ist damit zusammenhängend die Frage, inwieweit Kunst/Performanz in den Alltag gelangen kann ohne die Kunst zu verachten bzw. zu „beschmutzen".
- Responsivität kann in gewisser Weise nur metaphorisch beschrieben werden. Waldenfels verwendet viele Fragewörter ohne sie mit einem Fragezeichen zu versehen: Wem, worauf, was, wonach, wer...FRAGE IST IMMER SCHON ANTWORT.

MERSCH: Ereignis und Aura, F.a.M.: Suhrkamp, 2002, 47-53.
- Verantwortung für den Augenblick/den Anderen = das, was uns autonom macht im Sinne Levinas?
- Diastase als verbindendes strukturelles Element/ Moment von Aura und Responsivität?
- Das Unverfügbare = das Unbelebbare?
- Bild des Jägers, der seine erlegte Beute schon vor Augen hat = Bild für die Erfahrung bzw. auratische Erfahrung im Nachhinein.
- Eigenes Bild für Widerfahrnis/auratische Erfahrung (Was ist der Unterschied) = Während eines Spaziergangs raschelt es links im Gebüsch und bevor ich es richtig wahrnehmen kann, rennt ein Wiesel von der einen zur anderen Seite des Weges. Ich versuche hinterher zu gucken, um mich zu versichern, ob es ein Wiesel war bzw. zu sehen, wo es hin ist, aber ich sehe nur noch Spuren – Zick-Zack-Spuren im Feld. Aber ich bin mir sicher ein Wiesel gesehen zu haben.

- Seitdem gucke ich an der Stelle des Weges immer, ob ich ein Wiesel sehe, was mir lächerlich vorkommt, aber vielleicht in der Intensität des Augenblicks begründet liegt.
- Das Plötzliche, Unvorhersehbare (was ist das?) verweist auf einen zeitlichen Charakter. → Passiert vor diesen responsiven auratischen Momenten etwas einheitliches? Gibt es ein wiederkehrendes Moment, das uns diese Augenblicke ankündigt? (Kairos)
- Aisthesis – Was ist der Unterschied zu Responsivität?
- Wo liegt der kreative Teil, wenn ich nicht bestimmen kann (‚wann es mich trifft)? Kreativität als totale Passivität?
- Zurück zu dem Wiesel: Es hat nur in dem Moment existiert. Und ich war mir meiner Existenz auch bewusster als beim Zähneputzen.
- Ex-istenz bei Mersch ≠ alltäglicher Existenz bzw. Lebendigsein (anderes Bewusstsein?)
- (Es) geschieht, (es) zeigt sich
- Es = sich selbst generierend?
- Oder durch mich?
- Durch mich zeigt es sich mir?
- Auch ohne mich da?
- Es = nur in der Gegenwart da?
- Zum Schluss noch mal das Wiesel:

Woher es kam und wohin es ist,

weiß ich nicht.

Warum es kam, weiß ich nicht.

Ob ich ihm noch mal begegnen werde,

weiß ich nicht.

Dass es ein Wiesel war, weiß ich

Dass es mich gesehen hat, weiß (glaube?) ich.

Und dass es plötzlich kam und ich mich erschrocken habe,

weiß ich auch.

SEEL: Ästhetik des Erscheinens, F.a.M.: Suhrkamp, 2003, 70-100.

- Der Ball als Beispiel: Bei dem ich verweilen kann und der mir an der einen Stelle dunkelrot erscheinen kann, weil ein Schatten auf die Stelle fällt – daneben ein Riss und der Ball als Gegenstand, den ich als Ball wahrnehme.

- Erscheinen und Erscheinung
- Eine Erscheinung braucht das Erscheinen und andersherum. Die Bestimmtheit liegt in der Unbestimmtheit und andersherum.
- Ästhetische Wahrnehmung geht nicht ohne fixierendes Erkennen.
- Ästhetische Wahrnehmung ist qualitativ mehrwertig als nicht ästhetische. Vermittelt uns aber kein Mehr im quantitativen Sinne.
- Erscheinen eines Gegenstands vermittelt nicht Idee von Gegenstand ≠ Platon
- Spiel der Erscheinungen = Erscheinen
- Spiel = aktives Geschehen
- Erscheinen ist aber auch nicht der Gegenstand selbst. Aber auch immernoch nicht Idee. Bringt sich Gegenstand im Erscheinen durch das Zusammenspiel hervor? Auf ästhetische Weise? Ist das die qualitative Höherwertigkeit?
- Begriffliches Erkennen bezieht sich auch auf historischen Kontext. In der Bezeichnung Ball steckt seine Geschichte von der Produktion bis zum Gebrauch.
- Minimalanforderung des Spiels von Erscheinungen als Erscheinen
- Initiiere ich das? Oder kommt es auf mich zu?
- Nur durch Verweilen?
- Begünstigt durch Verweilen?
- Meditatives Verweilen?
- Begriffliches Fixieren für alltägliches Handeln und ästhetisches für ... (für was für ein Handeln) gut?
- Gegenstand kann nie voll und ganz erfasst werden.
- Objektiv ästhetisches wahrnehmen, da es nicht Gegenstand selbst ist?
- Subjektivität (da ich Gegenstand nie voll erfassen kann?) + Objektivität (Gegenstand wird durch ästhet. Wahrnehmung objektiv, da ein Teil/Aspekt den ich wahrnehme gegenwärtig wirklich ist? → sinnl. Präsenz der Gegenwart → Objektivität erfasst meine Subjektivität?
- zeitl. Aspekt: ästhet. Wahrnehmen = gegenwärtig → im Nachhinein beschreibbar?
- Subjektivität bedingt Objektivität und anders herum!?

Sylvia Waltking

„Wer ein Warum zu leben hat, erträgt fast jedes Wie." Möglichkeiten und Grenzen der Logotherapie und Existenzanalyse nach Viktor Emil Frankl in der professionellen Trauerbegleitung

1 Einleitung

In Deutschland sterben jährlich ca. 830.000 Menschen. Diese Zahl wird sich in den nächsten zwei Jahrzehnten noch weiter erhöhen. Wenn jeder Sterbefall durchschnittlich drei nahestehende Angehörige zurücklässt, sind jährlich rund 2,5 Millionen Menschen in akuter Trauer. Und da Trauerprozesse häufig länger als ein Jahr bedürfen, sind möglicherweise bis zu 10 % der Bevölkerung in Trauer. (vgl. Wissert 2013, S. 1).

> „Die Versorgung und Begleitung eines schwerkranken Menschen und seiner Familie muss nicht mit dem Tod enden, sondern den Angehörigen können auch darüber hinaus Angebote zur Trauerbegleitung zugänglich gemacht werden." (Wissert 2013, S. 1)

Mit diesen Worten leitet Prof. Dr. Michael Wissert die Darstellung der Forschungsergebnisse zum Thema „Wirkungen von Trauerbegleitung im Rahmen der emotionalen und sozialen Bewältigung von tiefgehenden und komplizierten Trauerprozessen" ein. Die Ausgangslage für meine Motivation mich mit Trauerbegleitung im Hinblick auf deren Möglichkeiten, Bedarfe und Wirksamkeit auseinandersetzen ist hier zusammengefasst. Auch ist hier der Bezug zu Arbeitsfeldern der Sozialen Arbeit bereits erkennbar. Als Anschlussangebot an Settings der Sterbebegleitung, wie sie in ambulanten Hospizinitiativen oder stationären Hospizen angeboten werden, kann Trauerbegleitung diese institutionellen Rahmenbedingungen nutzen. Eine besonders günstige Voraussetzung für Trauerbegleitung liegt hier in der schon geleisteten Beziehungsarbeit.

Trauerbegleitung stellt sich in der Praxis als ein breites Feld unterschiedlichster Methoden mit vielfältigen Ansprüchen dar. Darin könnte eine Vielfalt liegen, die den Trauernden in die Lage versetzt, aktiv das für ihn passende Angebot herauszusuchen, tatsächlich habe ich durch meine berufliche Vorerfahrung als Bestattermeisterin und qualifizierte Trauerbegleiterin eher den diffusen Eindruck, dass eine Mehrzahl der Konzepte in erster Linie methodisch konzipiert sind und systematische Trauerverläufe annehmen, dabei aber ein philosophisches Grundkonzept für die Trauerbegleitung vermissen lassen. Trauernde bleiben allein mit den großen Fragen nach dem Sinn des Lebens und ihrem Leiden. In der Begegnung mit dem Ansatz der Logotherapie und Existenzanalyse von Viktor Emil Frankl habe ich ein philosophisches Konzept kennengelernt, das ich in dieser Studie näher auf seine Eignung als tragfähige Basis für ein holistisches Trauerbegleitungsmodell betrachten möchte.

Dazu werde ich zunächst die Begrifflichkeiten Trauer und Trauerbegleitung sowie die grundlegenden Modelle der Trauerbegleitung, deren Erweiterung in der aktuellen Forschung und die in diesem Zusammenhang relevanten Ergebnisse der Wirksamkeitsstudie zu Trauerbegleitung von Prof. Dr. Wissert darstellen. Darauf folgend werde ich die Entstehung und Entwicklung des Ansatzes der Logotherapie und Existenzanalyse nach Frankl in der Theorie beschreiben. Im Anschluss werde ich aus der wenigen bereits veröffentlichten Literatur zum praktischen Einsatz der Logotherapie in der Trauerbegleitung die bisherigen Erkenntnisse zusammenfassend darstellen. Um die Möglichkeiten und Grenzen dieses Ansatzes für die Trauerbegleitung in der Praxis kritisch würdigen zu können und einen eigenen kleinen Forschungsanteil der qualitativ empirischen Sozialforschung in diese Studie aufzunehmen, habe ich für das fünfte Kapitel ein Experteninterview geführt und dies mit der Methode der Qualitativen Inhaltsanalyse ausgewertet.

Im Fazit führe ich die Erkenntnisse der unterschiedlichen Teile zusammen und werte sie im Hinblick auf die im Titel implizierte Fragestellung aus und führe den von mir gesehenen Handlungsbedarf aus.

2 Trauer

Trauer ist ein vielschichtiges und mehrdimensionales Phänomen, das, wenn auch durch unterschiedlichste Fachwissenschaften bereits beleuchtet, noch immer viele Geheimnisse birgt und in seiner Komplexität nur schwer zu erfassen ist. Das wird deutlich zum Beispiel in den 11 unterschiedlichen Definitionen, die Arnold Langenmayr in seinem Titel „Einführung in die Trauerbegleitung" darstellt. Und auch in Bezug auf das Verständnis von Trauerprozessen lassen sich in der Literatur mehrere Ansätze finden, die z.T. aufeinander aufbauend, etwas weiterentwickeln oder aber auch ein vollkommen anderes Verständnis zu Grunde legen (vgl. Langenmayr 2013, 27ff.). Die Abgrenzung zwischen den unterschiedlichen Trauerbegriffen von normaler, schwerer, komplizierter und anhaltender Trauer oder Trauerstörung, deren Begrifflichkeiten auch noch einem stetigen Wandel unterliegen, ist schwerlich trennscharf zu vollziehen. Im Folgenden soll deshalb eine Annäherung an die Begrifflichkeiten erfolgen, die das dieser Studie zugrunde gelegte Verständnis von Trauer und professioneller Trauerbegleitung verdeutlichen.

Dazu wird ein Definitionsansatz aus dem medizinischen Verständnis fokussiert.

Außerdem wird die Entwicklung der professionellen Trauerbegleitung, ihre Aufgaben und die ihr zu Grunde liegenden Modelle und deren Entwicklung dargestellt.

2.1 Definition Trauer

In der Auseinandersetzung mit Trauerbegleitung steht zunächst eine Definition des Begriffs Trauer an. Dabei fällt auf, dass keine Definition existiert, die einheitlich verwandt wird. Je nach Arbeitsschwerpunkt und Disziplinzugehörigkeit stehen unterschiedliche Aspekte im Fokus der bestehenden Definitionen.

Für eine Betrachtungsweise, die die Arbeit der Trauerbegleitung fokussieren möchte, bieten sich daher medizinische Definitionsansätze an, die im aktuellen Diskurs verhandeln, ob Trauer ein separates Diagnosekriterium sein soll.

Prof. Dr. Birgit Wagner setzt sich in ihrem Artikel „Wann ist Trauer eine psychische Erkrankung" mit dieser Fragestellung auseinander und bietet im Rahmen dieses Textes zunächst eine allgemeine Definition von Trauer an:

> „Die Trauer um eine verstorbene Person verläuft individuell und wird von multifaktoriellen Einflussfaktoren mitbestimmt. Der Versuch, eine allgemeingültige Normierung der nicht pathologischen Trauer empirisch zu definieren, fällt nach wie vor schwer. Der normale Trauerprozess nach dem Tod einer nahestehenden Person beinhaltet eine Reihe von meist als belastend empfundenen Symptomen wie beispielsweise Trennungsschmerz, Traurigkeit und sozialer Rückzug. Der normale Trauerprozess wird durch die Todesumstände, die Beziehung zur verstorbenen Person und durch intrapsychische und soziale Faktoren beeinflusst." (Wagner 2016, S. 251)

Von diesem Verständnis ausgehend soll nun ein medizinisches Verständnis von Trauer fokussiert werden:

> „Nach Rando (1997) ist normale, unkomplizierte Trauer eine Form der posttraumatischen Stressstörung (post-traumatic stress disorder/PTSD, deutsch PTBS= posttraumatische Belastungsstörung)." (Langenmayr 2013, 27f.)

Die Ähnlichkeit in der manifesten Symptomatologie (laut ICD 10) sind Begründung für diese Definition. So sind die Symptome einer posttraumatischen Stressstörung mit anhaltenden Erinnerungen an das traumatische Erlebnis oder das wiederholte Erleben des Traumas in sich aufdrängenden Erinnerungen (flashbacks), Träumen oder Albträumen sowie innere Bedrängnis in Situationen, die der Belastung ähneln oder damit in Zusammenhang stehen; Vermeidung solcher Situationen, anhaltende Symptome einer erhöhten psychischen Sensitivität und Erregung sowie eine teilweise oder vollständige Unfähigkeit, sich an einige wichtige Aspekte des belastenden Erlebnisses zu erinnern; Ein- und Durchschlafstörungen, Reizbarkeit und Wutausbrüche, Konzentrationsschwierigkeiten, Hypervigilanz und erhöhter Schreckhaftigkeit beschrieben. Eben diese Symptome lassen sich auch bei Trauernden beobachten (vgl. Langenmayr 2013, 27f.).

Der typische Wechsel zwischen Leugnung und Hemmung mit Phasen des Sicheinlassens und der wahrgenommenen Erleichterung beim Durcharbeiten des Prozesses sind ebenfalls die beobachtbaren Phänomene in der Trauer und in der posttraumatischen Stressstörung. Der auch in der Trauerbegleitung verbreitete Ansatz und Grundlage vieler Trauerbegleitungskonzepte ist außerdem, ebenso wie in der Arbeit mit posttraumatischen Stress-störungen die Forderung im letzten Behandlungsschritt eine neue kognitive Gesamtsicht mit affektivem Loslassen zu erreichen. Zur Symptomatik gehö-ren in der Trauer wie im Bereich der PTBS (Posttraumatische Belastungs-störungen) soziale Rückzugstendenzen, Gefühl von Betäubung und emotio-naler Stumpfheit, Gleichgültigkeit sowie Stimmungsbeeinträchtigungen. Um die Diagnose der posttraumatischen Belastungsstörung sichern zu können, müssen die Symptome innerhalb von sechs Monaten nach dem belastenden Ereignis oder der Ereignisperiode auftauchen und länger als einen Monat anhalten. (vgl. Langenmayr 2013, 27f.)

In den vergangenen 20 Jahren hat die anhaltende Diskussion um die Defini-tion und Einordnung von Trauer und Trauerstörungen deutliche Bewertungs-änderungen hervorgebracht. So wurde im DSM III (Diagnostic and Statistical Manual of Mental Disorders) Trauer noch als Exklusionskriterium für die Di-agnose einer Depression beschrieben. Unter DSM III R und DSM IV war dann bereits eine Depressionsdiagnose bei einer länger als zwei Monate be-stehenden Symptomatik möglich. Die diskutierte Schaffung einer eigenen Klassifikation als anhaltende Trauerstörung im DSM V wird nun zwar nicht umgesetzt, aber die Diagnosekriterien der Depression um die anhaltende Trauerstörung erweitert. Für Betroffene bedeutet dies, dass bereits zwei Wo-chen nach dem Tod eines Angehörigen eine major depression diagnostiziert werden könnte (vgl. Wagner 2016, S. 252).

Analog zu diesen Überlegungen wurde auch für den ICD-11 (International Classification of Diseases) die Aufnahme einer anhaltenden Trauerstörung diskutiert, um dadurch eine frühe Identifizierung zu ermöglichen, auf die dann entsprechende psychologische Unterstützung folgt, um eine Chronifizierung der Trauersymptomatik zu vermeiden und schwere pathologische Verläufe zu verhindern (vgl. Wagner 2016, S. 253).

„Nicht verarbeitete Trauer kann nicht nur langfristige psychische Störungen zur Folge haben, sondern auch somatische Erkrankungen (z. B. Herzerkrankungen) (Rostila, Saarela & Kawachi, 2013a) oder eine erhöhte Mortalität aufweisen (Stro-ebe, 1994). Insbesondere Hinterbliebene von Suizid haben ein vielfach höheres Risiko, ebenfalls an Suizid zu sterben (Rostila, Saarela & Kawachi, 2013b).“ (Wag-ner 2016, S. 253)

Ein weiterer positiver Effekt einer Aufnahme der anhaltenden Trauerstörung in die Diagnosekataloge läge in der Verbesserung von diagnostischen Messinstrumenten und Psychotherapieangeboten. Und auch wenn bereits eine Reihe von Studien die differentialdiagnostischen Unterschiede einer Trauerstörung zu anderen Störungsbildern aufgezeigt haben, wird die Aufnahme der Trauerstörung in die Diagnosekataloge auch weiterhin kritisiert. Dabei ist der qualitative Unterschied einer normalen Trauer und einer anhaltenden Trauerstörung ein Aspekt. Der einzige Unterschied scheint sich hier in der mehr als sechs monatigen Dauer der Trauerstörung zu manifestieren. Da die empirische Evidenz für eine Aufnahme als eigenständiges diagnostisches Kriterium für eine Aufnahme im DSM V nicht ausreichend war, bietet die Aufnahme der persistierenden komplexen Trauerstörung in den Appendix als Forschungsdiagnose, die Möglichkeit, das Konzept der pathologischen Trauerreaktionen neu zu überdenken und empirisch zu überprüfen. Wie die Entscheidungen diesbezüglich bei der Neufassung des ICD-11 aussehen bleibt abzuwarten, jedoch bezieht sich die Erarbeitung des diagnostischen Kriteriums der anhaltenden Trauerstörung auf dieselbe Validierungsstudie (Prigerson et al, 2009) wie seinerseits der Diagnosevorschlag für den DSM-V (vgl. Wagner 2016, 253 f.).

2.2 Professionelle Trauerbegleitung

Die Definitionsansätze normaler Trauer und anhaltender Trauerstörung im vorherigen Teilkapitel machen bereits deutlich, dass eine Zuordnung ins Hilfesystem sowohl für Professionelle als auch für die Betroffenen selbst häufig noch schwierig ist und ggf. über diagnostische Umwege erfolgt. Wichtig im Zusammenhang mit professioneller Trauerbegleitung ist der tatsächliche nachgefragte Bedarf an Begleitung. Betroffene, die die Angebote der professionellen Trauerbegleitung aufsuchen, haben eben nicht das Bedürfnis nach medizinischer, therapeutischer Hilfe und entsprechend auch keine vom Arzt diagnostizierte Trauerstörung, Anpassungsstörung, posttraumatische Belastungsstörung, o. Ä., suchen aber, zumeist aus Eigeninitiative, nach einem adäquaten Begleitungsangebot in einer von ihnen selbst als schwierig und begleitungswürdig erlebten Situation. In dem 2013 veröffentlichten For-

schungsprojekt „Wirkungen von Trauerbegleitung im Rahmen der emotionalen und sozialen Bewältigung von tiefgehenden und komplizierten Trauerprozessen (TrauErLeben)" werden die prozentualen Verteilungen von Trauerbegleitung Nutzer*innen und Nichtnutzer*innen nach Art der sozialen Beziehung zum Verstorbenen sowie der Art der Todesumstände unterschieden:
Abbildung stellt dar, dass die Nutzenden von Trauerbegleitungsangeboten
mit erhöhtem prozentualen Anteil Menschen sind, die den Verlust eines Kindes oder Partners zu betrauern haben. Deutlich seltener nehmen Menschen
nach Verlust von Geschwistern oder einem Elternteil und noch seltener nach
Verlust von Freunden und anderen Verwandten Trauerbegleitung in Anspruch.

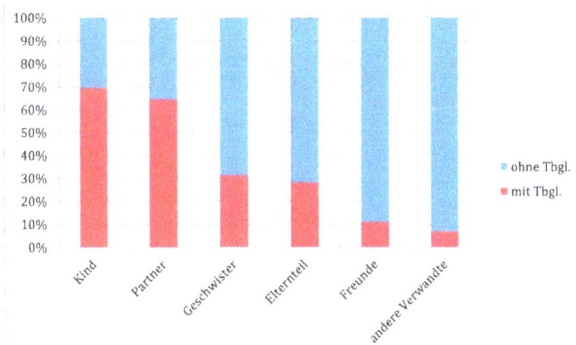

*Abbildung 1 Prozentuale Verteilung von Trauernden mit und ohne Trauerbegleitung
nach Art der sozialen Beziehung zum Verstorbenen (Wissert 2013, S. 7)*

Abbildung 2 lässt eine deutlich erhöhte prozentuale Nachfrage an Trauerbegleitung bei denjenigen Trauernden sichtbar werden, die einen plötzlichen
bzw. nicht vorhersehbaren Todesfall (Unfall, Suizid, anderes plötzliches Ver-
sterben) erlitten haben. (vgl. Wissert 2013, S. 8)

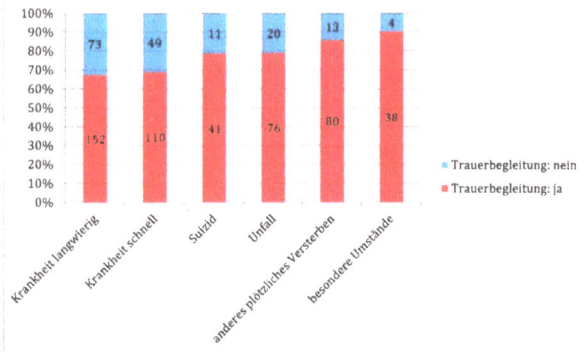

Abbildung 2 Verteilung von Trauernden mit und ohne Trauerbegleitung nach Art der Todesumstände (Angabe in den Säulen ist die jeweilige Zahl der Befragten) (Wissert 2013, S. 8)

Abbildung 3 stellt dar, dass die in diesem Zusammenhang angebotenen Trauerbegleitungen sich zumeist in institutionalisierten Settings, wie Hospizarbeit, Kirchen, Beratungsstellen und Krankenhäusern finden lassen.

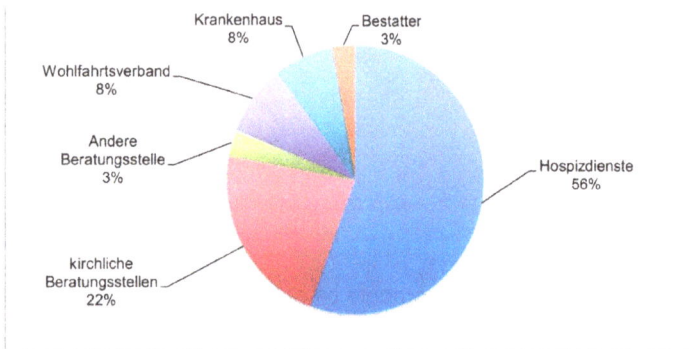

Abbildung 3 Institutionelle Anbindung der Begleiter (Wissert 2013, S. 14)

Deutlich ablesbar ist hier der Bezug zu den Arbeitsfeldern der Sozialen Arbeit.

2.2.1 Entwicklung und Aufgaben

Im Folgenden werden die Entwicklung und die Aufgaben professioneller Trauerbegleitung in den genannten Settings nachvollzogen und die Trauermodelle, die Grundlage dieser Trauerbegleitung sind, dargestellt, um dann mit Blick auf aktuelle Forschung die Wirksamkeit dieser Trauerbegleitung zu hinterfragen.

Die auf Cicely Saunders zurückgehende Hospizarbeit, die auch in Deutschland in den letzten 30 Jahren zunehmende Verbreitung fand, hat vielerorts die Problematik fehlender Trauerbegleitungsangebote für nicht pathologische Trauerprozesse aufgegriffen und im Setting der Hospizarbeit, neben ihrer originären Aufgabe der Begleitung Sterbender und ihrer Angehörigen, auch Angebote für Trauernde geschaffen. Aber auch in anderen institutionellen Rahmen haben sich Hilfsangebote für Trauernde etabliert, die sich als Angebote in unterschiedlichen Formaten an unterschiedliche Zielgruppen richten. Von wöchentlichen oder monatlichen Trauergesprächsgruppen mit verbindlicher Anmeldung über offene Trauercafé-Formate, Gruppen für trauernde Kinder oder Jugendliche, spezielle Freizeitangebote für Witwer oder Witwen, Gesprächsgruppen für verwaiste Eltern, bis zu Kreativangeboten, die die Trauer thematisieren oder auch Trauerreisen, die trauernden Urlaubserfahrungen unter Menschen in ähnlichen Situationen ermöglichen, besteht eine vielfältige Angebotslandschaft und es sind auch zukünftig noch neue Formate zu erwarten.

Die Mitarbeiter*innen in diesen Trauerbegleitungsangeboten sind zumeist in irgendeiner Form qualifiziert, wobei hier deutliche Unterschiede in den Anforderungen an die Voraussetzungen, Ausbildung und Selbstreflexion der Trauerbegleiter*innen innerhalb der einzelnen Institutionen bestehen. Dazu gibt es Bemühungen und auch bereits Erfolge in der Standardisierung der Ausbildungsinhalte für Trauerbegleiter*innen, z.B. in Form eines bundeseinheitlichen Curriculums für die Fortbildung „Große Basisqualifikation Trauerbegleitung" durch den Bundesverband Trauerbegleitung e.V.:

> „Zum Schutz von trauernden Menschen ist es wichtig, auf Qualität in der Trauerbegleitung zu achten. Diese kann nur erreicht werden, wenn auf Qualität in der Qualifizierung zur Trauerbegleitung geachtet wird. Darum hat der Bundesverband

Trauerbegleitung e. V. Standards für Trauerbegleitungs-Qualifizierungen erarbeitet und es sich zur Aufgabe gemacht, diese kontinuierlich fortzuentwickeln." (vgl. Bundesverband Trauerbegleitung e.v. (BVT) 2017)

2.2.2 Trauermodelle

Die aus der Trauerforschung hervorgegangenen Trauermodelle stellen die Grundlage für die Arbeit in der Trauerbegleitung dar. Dabei werden auch aktuell in der Qualifizierung der Trauerbegleiter*innen Trauermodelle genutzt, die als Weiterentwicklung des Sterbephasen-Modells von Elisabeth Kübler-Ross, das sie erstmalig 1969 unter dem Titel „On Death and Dying. What the dying have to teach doctors, nurses, clergy, and their own families" veröffentlicht wurde (deutsch: Interviews mit Sterbenden,1971), beschrieben werden können. Die fünf von ihr in diesem Modell benannten Phasen (1. Phase: Nicht-wahrhaben-wollen und Isolierung, 2. Phase: Zorn, 3. Phase: Verhandeln, 4. Phase: Depression, 5. Phase: Zustimmung   (vgl. Kübler-Ross 2013, S. 66–162) finden sich in den späteren Phasenmodellen nach Bowlby, Kast und Worden teils wörtlich oder zumindest intentional wieder. Konsens dieser Trauermodelle war damit die Idee eines systematischen Trauerverlaufs. Im Traueraufgabenmodell von Worden werden dabei die eine chronologische Abfolge suggerierenden Phasen, durch die Benennung von Traueraufgaben ersetzt. Aber auch hier bedient sich Worden einer Nummerierung der Aufgaben: Aufgabe I: Den Verlust als Realität akzeptieren, Aufgabe II: Den Schmerz verarbeiten, Aufgabe III: Sich an die Welt ohne die verstorbene Person anpassen, Aufgabe IV: Eine dauerhafte Verbindung zu der verstorbenen Person inmitten des Aufbruchs in ein neues Leben finden (vgl. Worden 2011, S. 45–59). Worden kritisierte an den Trauerphasenmodellen, dass sie den Eindruck entstehen lassen, dass Betroffene diese Phasen eher passiv durchlaufen. Seine Formulierung von Traueraufgaben soll daher auch die Bedeutung aktiver Trauerarbeit unterstreichen. Worden weist darauf hin, dass die Aufgaben nicht in einer starren Abfolge bearbeitet werden müssen, relativiert dies jedoch mit der Anmerkung, dass er eine andere Systematik aber nicht für logisch hält (vgl. Müller et al. 2016, S. 44).

Auch wenn die Kritik an der allgemeingültigen Systematik von Trauerprozessen inzwischen weit verbreitet ist, werden diese Modelle nach wie vor in der

Qualifikation von Trauerbegleiter*innen und in der Praxis der Trauerbegleitung herangezogen, wenngleich die darin implementierte Allgemeingültigkeit
auch hier thematisiert und kritisiert wird.

Ein auf den ersten Blick anders ausgerichtetes Trauermodell stellt das „Duale
Prozessmodell der Bewältigung von Verlusterfahrungen" (DPM) dar und
wurde von Stroebe und Schut 1999 unter dem Titel "The Dual Process Model
of Coping with Bereavement" in englischer Sprache veröffentlicht. Und auch
wenn dieses Modell in der englischsprachigen Trauerforschung und auch in
der dortigen Anwendung in der Trauerbegleitungsarbeit inzwischen verbreitet ist (vgl. Müller et al. 2016, S. 42), ist es aufgrund der nicht dauerhaften
und systematischen Trauerforschung in Deutschland nicht verwunderlich,
dass Erkenntnisse aus der Trauerforschung keine Verbreitung im deutschsprachigen Raum finden. Der durch die Sprachbarriere erschwerte Zugang
zu neuen Forschungserkenntnissen hemmt die Verbreitung ebendieser und
damit auch die Entwicklung innovativer Ansätze für die praktische Arbeit.
(vgl. Wittkowski 2013, S. 131–141)

Das DPM fand international Anerkennung und wurde von zahlreichen Wis-
senschaftler*innen aufgegriffen und zur Grundlage von Interventionspro-
grammen. Bei genauerer Betrachtung lassen sich aber auch hier Parallelen
zu den Phasenmodellen bzw. daraus hervor gegangene Weiterentwicklun-
gen verzeichnen. (vgl. Müller et al. 2016, S. 42)

Das in Abbildung 4 veranschaulichte DPM geht von zwei Kategorien aus, die
bei Trauernden Stress auslösen können. Eine gleichzeitige Bearbeitung dieser unterschiedlichen Stressoren ist nicht möglich, deshalb kommt es jeweils
durch die Konfrontation mit dem einen Bereich zur Vermeidung des anderen
Bereichs. Verlustbezogene Stressoren stellen die eine Seite dar und haben
mit dem unmittelbaren Verlust und der Bindung an die verstorbene Person
zu tun. Ihr gegenüber stehen die wiederherstellungsbezogenen Stressoren,
die als sekundäre Stressoren aus dem Verlust resultieren. Beide Bereiche
können belastend sein und Ängste auslösen. In ihrer Verarbeitung können
unterschiedliche Bewältigungsstrategien, sowohl problem- als auch emotion-
sorientierte, zum Einsatz kommen. Entscheidend für die erfolgreiche Verlust-
bewältigung ist das Oszillieren zwischen den beiden Stressoren, um auf beiden Ebenen eine voranschreitende Bewältigung zu ermöglichen. So kommt
es neben der Konfrontation mit dem einen Bereich auch immer gleichzeitig

zu Vermeidungsmomenten im anderen Bereich, was zu einer Entlastung führt. Anspruch des DPM ist es, so ein vollständigeres Bild der Vorgänge, die Betroffene erleben, zu zeichnen (vgl. Müller et al. 2016, S. 47–51).

Alltagserfahrungen

Verlustorientiert

Wiederherstellungs-
orientiert

Trauerarbeit
Wellen von Schmerz
Transformieren
der Bindung zum
Verstorbenen
Veränderungen im Leben
vermeiden, verdrängen

Sich den Veränderungen
im Leben stellen
Neue Dinge
unternehmen
Ablenkung von der
Trauer, Leugnung, Ver-
meidung des Schmerzes
Neue Rollen, neue Identi-
täten, neue Beziehungen
aufnehmen

Oszillieren

Abbildung 4 Schema des Dualen Prozessmodells (DPM) (Müller et al 2016, S. 51)

Worden hat die Betrachtung dieses Ansatzes in die überarbeitete Auflage seines Titels "Beratung und Therapie in Trauerfällen " aufgenommen und kritisiert, dass der Umgang mit den von Stroebe und Schut benannten Verlust- und Neuorientierung-Stressoren dieselben Bemühungen erfordert, die er unter den vier von ihm benannten Traueraufgaben beschrieben hat (vgl. Worden 2011, S. 59).

2.2.3 Aktuelle Forschung

Stroebe und Schut erweiterten ihr DPM-Modell in dem 2016 erschienen Titel "Overload: a Missing Link in the Dual Process Model?" um den Aspekt der Überforderung, wie in Abbildung 5 dargestellt.

"Although we described the need for balancing between these two types of stressor (because both of these components of the bereavement situation need to be tackled), we did not explicitly state the possibility that bereaved persons may actually encounter more loss- or more restoration-oriented stressors than they feel able to deal with or that they may actually experience a sense of conflict between dealing with stressors (i.e., the feeling that one should be dealing with something else when one is trying to manage a particular stressor)." (Stroebe und Schut 2016, S. 101)

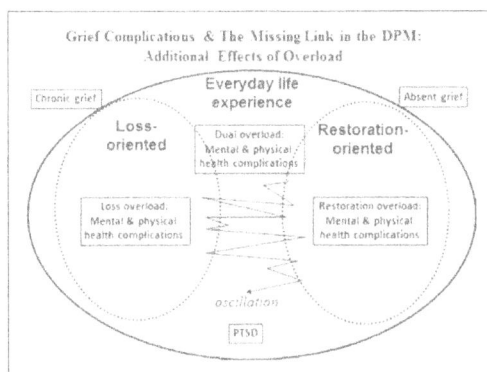

Abbildung 5 Grief complications and the missing link in the DPM: Additional effects of overload (Stroebe und Schut 2016, S. 104).

In der Auseinandersetzung damit nehmen sie Bezug auf Ansätze wie die Konzepte von Offenheit, Empowerment oder Achtsamkeitstraining, die durch Bewusstwerdung eigener Bedürfnisse und dem Erlernen des Äußerns derselben, Überforderungen entgegenwirken. Stroebe und Schut regen an, in der zukünftigen Forschung den Zusammenhang von Überforderung im Trauerprozess und Burnout zu untersuchen, um die noch nicht erforschten Bereiche neben den aus dem Trauerprozess resultierenden Konsequenzen aufzudecken (vgl. Stroebe und Schut 2016, S. 103f.). Anzunehmen ist, dass eine solche Forschung auch für die Diskussion um eine Aufnahme in die Diagnosekataloge DSM und ICD hilfreich wäre.

2.2.4 Wirksamkeit von Trauerbegleitung

Durch das 2013 veröffentlichte Forschungsprojekt „Wirkungen von Trauerbegleitung im Rahmen der emotionalen und sozialen Bewältigung von tiefgehenden und komplizierten Trauerprozessen (TrauErLeben)" ließ sich eine signifikant stärkere Verringerung der durch Trauer erlebten Belastungen feststellen, wenn die Trauernden Trauerbegleitung erfuhren und rechnerisch zu der Gruppe derer gehörten, die zum Zeitpunkt nach dem Todesfall oberhalb des Durchschnittswertes der Gesamtbelastung lagen. Eine Entlastung erlebten auch die zum Zeitpunkt des Todesfalls unterhalb des Durchschnittswertes der Gesamtbelastung lagen sowie die Trauernden ohne Trauerbegleitung, allerdings ist das Maß der Entlastung hier statistisch nicht signifikant (vgl. Wissert 2013, S. 22).

„Auffallend ist die große Bedeutung, die Trauernde dem Zuhören, der Akzeptanz ihrer Trauer und dem Austausch untereinander als Wirkfaktor geben. Das Wissen über Trauerprozesse und Symptome der Trauer sowie methodische Aspekte der Begleitung (z.B. Verwendung von Ritualen oder Schreiben als Ausdruck der Trauer) haben geringere Werte erreicht. Hierbei muss jedoch angemerkt werden, dass alle im Fragebogen angeführten möglichen Wirkfaktoren durchschnittlich weit höher als der statistische Skalenmittelwert "5" bewertet worden sind. Aus Sicht der Trauernden haben folglich alle in der Trauerbegleitung integrierten Wirkfaktoren große Effekte." (Wissert 2013, S. 11)

Weitergehende Forschung, die konkrete Konzepte auf Ihre Wirksamkeit untersuchen und miteinander vergleichen würde, wäre hier hilfreich um konkretere Aussagen zu erhalten.

3   Logotherapie

„Eines Morgens kam ich in die Klinik und begrüßte den bereits wartenden kleinen
Kreis amerikanischer Professoren, Psychiater und Studenten, die sich zu For-
schungszwecken in Wien aufhielten. ' 'Who's who in America' hat ein paar Dutzend
Leute ausgewählt und ist an sie mit der Bitte herangetreten, mit einem einzigen
Satz zu umschreiben, was das Anliegen ihres Lebens gewesen sei. Mich sind sie
ebenfalls angegangen.' Allgemeines Händeschütteln. 'Was glauben Sie nun, habe
ich denen geschrieben?" Allgemeines Nachdenken. Und dann antwortet ein Ber-
kley-Student wie aus der Pistole geschossen: "Sie haben den Sinn ihres Lebens
darin gesehen, anderen zu helfen, in ihrem Leben einen Sinn zu sehen.' Es
stimmte haargenau. Ich hatte das wirklich geschrieben." (Frankl 2015b, S. 106)

Wenn auch in etwas sehr launigem Ton, drückt dieses Zitat doch kurz und
knapp das logotherapeutische Grundanliegen Frankls aus.

Logotherapie und Existenzanalyse sind die von Viktor Emil Frankl verschrift-
lichten Ansätze. "Logotherapie" bezeichnet dabei die von Frankl begründete
Psychotherapie und "Existenzanalyse" die Anthropologie dahinter (vgl.
Längle 2001, S. 230).

Das vollständige Begriffspaar verwendete Frankl in der Ansprache an Fach-
kollegen in der Psychologie und Neurologie, sonst sprach er selbst häufig
nur von der "Logotherapie". (vgl. Frankl 2015a, S. 9) Um eine Irritation zu
vermeiden und die Begriffsverwendung der einschlägigen Literatur aufnehmen zu können, verwende ich im Folgenden auch nur noch den Begriff der
Logotherapie. Im Fokus meiner Aufmerksamkeit stehen dabei aber tatsächlich vielmehr die Überlegungen der Existenzanalyse. Denn nicht der psychotherapeutische Ansatz der Logotherapie, sondern das philosophische Konzept dahinter soll in dieser Arbeit betrachtet werden.

Im Folgenden werden neben der geschichtlichen Entwicklung und Einordnung auch die Grundkonzepte der Logotherapie dargestellt.

3.1   Viktor Emil Frankl

Viktor Emil Frankl wurde am 16. März 1905 als Sohn von Gabriel und Elsa
Frankl geboren. Er hatte einen älteren Bruder und eine jüngere Schwester.
Schon in der Kindheit beschäftigte ihn die Frage nach dem Sinn des Lebens
und das Erschrecken über die Endlichkeit des Lebens. Ab 1920 hielt Frankl
erste Vorträge über den Sinn des Lebens. 1924 orientierte Frankl sich um

zur Individualpsychologie (Alfred Adler), nachdem er bei dem Vorsprechen für seine eigene psychoanalytische Lehranalyse durch die Art des Umgangs, die Unterstellung einer Neurose und die Person Paul Federns, ein Schüler Freuds und Funktionsträger in der psychoanlalytischen Gesellschaft, ein starkes Unbehagen spürte. Er konnte sich deshalb eine eigene Lehranalyse nicht länger vorstellen. Es folgte der Wechsel zu Individualpsychologie in der Gruppe Alfred Adlers (vgl. Längle 2001, S. 56f.).

1928 organisierte Frankl auf Initiative der Arbeiterkammer Jugendberatungs-stellen in Wien Beratungsangebote, mit dem Ziel die Selbstmordraten unter Schülern zu verringern. Diese Beratungen waren für die Schüler kostenlos und verdeutlichen Frankls soziales Engagement und seine idealistische Ak-tivität. Nach Beendigung seines Medizinstudiums 1930 arbeite er während seiner fachärztlichen Ausbildung zum Facharzt für Neurologie und Psychiat-rie in der Psychiatrischen Universitätsklinik Wien. Insbesondere die Arbeit mit suizidalen Patientinnen hat ihn hier geprägt (vgl. Längle 2001, 67ff.).

Wichtig war Frankl die Reflexion über den Umgang mit Macht. In dem von ihm angestrebten Beruf des Psychiaters erkannte er eine Machtdimension über andere Menschen, die er zunächst als starke Verlockung für sich selbst empfand, später aber als dienende Funktion zur Hilfe der Patienten zu schät-zen und nutzen wusste. Das Bild vom Ton in des Töpfers Hand benutzte Frankl in diesem Zusammenhang öfter (vgl. Längle 2001, S. 58f.). Durch die Aufnahme in die "Wiener Sektion des Internationalen Vereins für Individu-alpsychologie" traf Frankl auf seine beiden künftigen Lehrer Rudolf Allers und Oswald Schwarze. Obgleich diese Kontakte für Frankl fachlich und mensch-lich von enormer positiver Bedeutung und Prägung waren, haben sie ihn auch in den Konflikt mit Adler hineingezogen und damit seinen Ausschluss aus der Individualpsychologischen Vereinigung begründet. Das bedeute für Frankl den Beginn einer langen 20-jährigen Krisenzeit. Zunächst der Konflikt und die aus dem Ausschluss resultierende Orientierungslosigkeit. Die Depor-tation in Konzentrationslager und die schwere Leidenszeit in den Lagern so-wie das Leiden nach der Befreiung, als Frankl vom Tod seiner Angehörigen erfuhr. Längle weist in diesem Zusammenhang auf die prägenden Eindrücke dieser krisenreichen Zeit für seine Ausrichtung auf Sinn und die Anwaltschaft für leidende Menschen hin. Er lässt aber auch nicht unerwähnt, dass Frankl bereits zuvor sein Engagement gegen Leid, Not und Verzweiflung gelebt hatte (vgl. Längle 2001, S. 60f.). Das erste Manuskript zur Verschriftlichung der Existenzanalyse und Logotherapie hatte Frankl bereits vor seiner Deportation ins KZ geschrieben und in seinen Mantel eingenäht zu retten versucht, was aber nicht gelang. Während seiner Gefangenschaft im KZ hat er bruchstückhafte Notizen angefertigt, die ihm helfen sollten eine spätere Rekonstruktion zu ermöglichen. Nach seiner Befreiung aus dem KZ und der Rückkehr nach Wien musste Frankl die leidvolle Erfahrung machen, dass er der einzige Überlebende seiner Familie und Freunde war. Seine Überzeugung, dass zur Aufrichtung im Leid eine Ausrichtung auf ein sinnhaftes Ziel in der Zukunft notwendig ist, wurde hier für ihn selbst zur Prüfung. Suizidale Gedanken waren in dieser Situation eine Folge. Letztlich half ihm die Besinnung auf seine eigenen Entwürfe der Existenzanalyse und der Logotherapie und die nach dem Verlust des Manuskripts sich neu stellende Aufgabe der Verschriftlichung (vgl. Frankl und Weigel 2016, S. 25ff.). Dieser nahm Frankl sich dann an und so konnte 1946 die erste Auflage der „Ärztlichen Seelsorge" erscheinen, die ihm 1948 als Habilitationsschrift anerkannt wurde und bis heute ein Bestseller ist (vgl. Längle 2001, S. 330).

Frankls eigenes Ringen gegen die Verzweiflung und Resignation, macht ihn authentisch in seiner Botschaft, dass das Leben auch im Angesicht von Leid, Not und Tod einen Sinn hat. Und die Annahme dieses Sinns stärkt zum Überleben in schlimmstem Leid (vgl. Lukas und Schönfeld 2016, S. 6f.).

Von 1945-1970 arbeitete er an der Wiener Neurologischen Poliklinik. Frankl lehrte an einem eigens für ihn eingerichteten Institut für Logotherapie an der Universität Berkley. Weitere Professuren hatte er in Harvard, Dallas und Pittsburgh inne. Insgesamt wurden ihm 29 Ehrendoktortitel verliehen und er hinterließ ein interdisziplinäres Werk: 32 Bücher in 31 Sprachen (vgl. Frankl 2007, S. 350). Am 02.09.1997 verstarb Viktor Emil Frankl in Wien (vgl. Längle 2001, S. 330). Die Logotherapie wird heute als die dritte Wiener Schule der Psychotherapie bezeichnet und ist eine in vielen Ländern anerkannte und verbreitete Therapieform.

3.2 Grundkonzepte der Logotherapie

„Das griechische Wort logos bedeutet 'Sinn'. Die Logotherapie, oder - wie sie von manchen Autoren genannt wird - die "Dritte Wiener Schule der Psychotherapie", stellt den Sinn der menschlichen Existenz in den Mittelpunkt sowie die Suche des Menschen nach einem solchen Sinn. Nach Auffassung der Logotherapie stellt das Bestreben, einen Sinn im Leben zu finden, die primäre Motivation im Menschen dar." (vgl. Frankl 2015a, S. 12f.)

Für Frankl ist dabei der Sinn einmalig und einzigartig, da er jeweils nur vom Individuum in der konkreten Situation erfasst und erfüllt werden kann. Aufgabe der Logotherapie ist es, den Menschen bei seiner Suche nach seinem Lebenssinn zu unterstützen. Im Blick auf diese Suche des verborgenen Logos, kann die Logotherapie als analytischer Prozess beschrieben werden. Die Abgrenzung zur Psychoanalyse ergibt sich aus dem logotherapeutischen Grundverständnis, das den Menschen vor allem auf Sinnerfüllung hin ausgerichtet ansieht und nicht, wie die Psychoanalyse, in erster Linie auf Befriedigung von Trieben und Instinkten. Deshalb ist die Logotherapie insgesamt auch weniger retro- und introspektiv, sondern stets zukunftsorientiert ausgerichtet. Sie lässt sich als sinnzentrierte Psychotherapie bezeichnen (vgl. Frankl 2015a, S. 12ff.).

Frankl spricht in seinen Ausführungen von einem „Willen zum Sinn", der den Menschen als solchen auszeichnet. Dieser Wille zum Sinn kann frustriert werden, was Frankl als „Existentielle Frustration" beschreibt. Konkret gemeint sind damit drei mögliche Arten der existentiellen Frustration: 1. in der spezifisch eigenen Existenz, 2. im Sinn der Existenz und 3. im Willen zum Sinn. Für diese Formen der existentiellen Frustration, also aus existentiellen Problemlagen und nicht aus Konflikten aus Trieben und Instinkten herrührend, und der aus dieser existentiellen Frustration folgenden Ausbildung einer Neurose hat Frankl den Begriff der „noogenen Neurose" geprägt. Und eben diese Art der Neurose benötigt eine adäquate Form der Therapie, die den Sinnverlust in den Fokus nimmt, eben eine „Logotherapie". Dabei macht Frankl in diesem Zusammenhang klar, dass eine existentielle Frustration an sich weder pathologisch noch pathogen ist, sondern dass sie eine existentielle Not des Menschen darstellt, die eine Unterstützung im Sinne einer Begleitung durch die existentiellen Krisen des Wachstums und der Entwicklung braucht. Und genau darauf ist Logotherapie ausgerichtet (vgl. Frankl 2015a, S. 12ff.).

Das Spannungsverhältnis zwischen Sein und Möglichkeit - also fortwährende Weiterentwicklung und ein unmögliches Erreichen des eigenen Sinnzieles zeichnet nach Frankl menschliches Dasein aus und ist unentbehrlich für geistiges Wohlbefinden. Den Begriff der Noodynamik definiert Frankl als die existentielle Dynamik in einem polaren Spannungsfeld, in dem der eine Pol den Sinn darstellt und der andre Pol die Person, die ihn zu erfüllen hat. In dieser Dynamik strebt und ringt der Mensch um ein würdiges Ziel, das seinem Leben Sinn und Ziel bietet und damit vor dem Gefühl der inneren Leere bewahrt (Frankl 2015a, S. 12ff.).

> „Es gibt nichts auf der Welt, wage ich zu behaupten, das einen Menschen so sehr befähigt, selbst die schlimmsten Bedingungen zu überleben, als das Bewusstsein, eine Aufgabe im Leben zu haben. Es ist viel Weisheit in den Worten Nietzsches: "Wer ein Warum zu leben hat, erträgt fast jedes Wie."" (Frankl 2015a, S. 20)

Frankl proklamiert in diesem Zusammenhang die Freiheit des Menschen. In Abgrenzung zur Psychoanalyse Freuds, die den Menschen als unbewusst triebgesteuert beschreibt und ihre psychotherapeutische Aufgabe in der Bewusstmachung des Unbewussten sieht, und auch in Abgrenzung zur Individualpsychologie Adlers, die ihre psychotherapeutische Aufgabe darin sieht, die Symptomatik des Neurotikers in dessen Verantwortungsbereich zu integrieren, macht Frankl deutlich, dass in seiner existenzanalytischen Anthropologie der Mensch frei ist, Entscheidungen für und in seinem Leben zu treffen und dass diese Freiheit in Verantwortlichkeit genutzt werden muss, um dem eigenen Sinn entsprechend leben zu können (vgl. Frankl 2007, S. 27ff.).

Im kategorischen Imperativ der Logotherapie („Lebe so, als würdest du schon zum zweiten Mal leben, und als ob du beim ersten Mal alles so falsch gemacht hättest, wie du im Begriff bist, es jetzt zu tun!") wird die von Frankl gemeinte Dimension der Verantwortlichkeit deutlich. In der Aufforderung den Blick auf die Gegenwart zu schärfen, in der Vorstellung sie sei bereits Vergangenheit, und ihr darüber die Möglichkeit der Reflexion zu geben, lässt Frankls Idee von der Tragweite und Ernsthaftigkeit des Verantwortungsbegriffs erkennbar werden. Die Konfrontation mit der Endlichkeit des Lebens und der Endgültigkeit dessen, was wir aus unserem Leben machen, sind die

logischen Konsequenzen aus dem kategorischen Imperativ der Logotherapie. Wenn aber der Mensch, Frankls Gedanken folgend, im vollen Bewusstsein für seine Verantwortung sein Leben führen soll, dann muss er auch die
Freiheit haben, diese Verantwortung zu füllen und zu entscheiden, wofür,
wozu und gegenüber wem er sich verantwortlich fühlt (vgl. Frankl 2007, S.
27ff.).

Den zu verwirklichenden individuellen Sinn des Lebens sieht Frankl dabei
nicht innerhalb des Menschen oder seiner Psyche, sondern in der Welt. Unter
dem Begriff der Selbsttranszendenz des Menschen beschreibt Frankl in diesem Zusammenhang die Ausrichtung des Menschen auf etwas oder jemanden, also auf eine Aufgabe oder einen anderen Menschen. In der Selbstver-
gessenheit, also in der Hingabe an eine Aufgabe oder in der Liebe zu einem
anderen Menschen, liegt Frankl zufolge die wirkliche Selbstverwirklichung.
Diese lässt sich jedoch nicht anstreben, da sie in der Bemühung um ihrer
selbst willen auch schon zugleich vollkommen verfehlt ist. Sie ist eben nur
als Nebenprodukt der Selbsttranszendenz zu haben und beschert dem Individuum dann erlebte Sinnhaftigkeit (vgl. ebd., S. 27ff.).

Weiterhin spricht Frankl vom sich ständig ändernden Sinn des Lebens, der
aber niemals aufhört zu existieren. Deshalb erweitert er die Arten der Sinn-
findung um die Haltung, die wir gegenüber unabänderlichem Leid einnehmen. Der Anspruch Frankls in einer unabänderlichen misslichen Situation
dennoch die Freiheit der eigenen Verantwortung zu nutzen und „eine persönliche Tragödie in einen Triumph, ein leidvolles Schicksal in eine menschliche
Leistung zu wandeln, sei das Zeugnis der menschlichsten aller Fähigkeiten.
Denn in der Freiheit einen Sinn im Leiden zu sehen und die Verantwortung
dafür anzunehmen, liegt gleichsam die Entmachtung des Leids." (ebd., S.
31) Dabei betont Frankl, dass Leid keinesfalls notwendig ist um Sinn zu finden. Lediglich als weiterer Zugang zum Sinn kann auch in der Haltung, die
wir unabänderlichem Leid gegenüber einnehmen eine Möglichkeit bestehen.
Hier betont Frankl besonders die Unabänderlichkeit des Leidens, denn sollte
eine Möglichkeit zur Abwendung bestehen, läge in der Abwendung des Leidens unbestreitbar der Sinn und die Aufgabe. Aber in der Annahme wirklich
unabänderlichen Leidens bestätigt sich der Sinn des Lebens und das buch-
stäblich bis zum Ende des Lebens. Damit ist der Sinn des Lebens bedingungslos. Diese Bedingungslosigkeit des Sinns des Lebens gelangt in der

Verhandlungslogik vieler Menschen an ihre Grenzen: Einerseits hindert die gedankliche Verknüpfung von Glück und sinnhaftem Leben, einen bedingungslosen Lebenssinn anzuerkennen und andererseits führt die gedankliche Verhandlung mit dem Schicksal (z.B. Wenn ich diese Krankheit überlebe, werde ich nie wieder rauchen.), den Gedanken des bedingungslosen Sinnes ad absurdum. Frankl regt an eine weitere Dimension zu denken, in der die Frage nach einem letzten Sinn des menschlichen Leidens eine Antwort finden würde. Dieses Gedankenexperiment macht er plausibel mit der Sinnhaftigkeit der von einem Affen erlittenen Tierversuche, der selbst den Sinn dieses Leidens sicherlich niemals verstehen wird, dessen Sinn aber für die andere Dimension (hier der Mensch) vollkommen klar zu erkennen ist. (vgl. ebd., S. 27ff.).

Daraus ergibt sich der Gedanke, den Frankl als kopernikanische Wende bezeichnet hat: Nicht die Frage, was das Leben dem Menschen zu bieten hat, beschreibt die Suche nach dem Sinn des Lebens, sondern umgekehrt die Frage, was der Mensch auf die Herausforderungen des Lebens antwortet, um so sein Leben zu verantworten, ist entscheidend für die Wahrnehmung eines Lebenssinnes (vgl. ebd., S. 27ff.).

Die existenzanalytische Reduktion auf einen Grundgedanken enthält das folgende Zitat, aus dem sich letztlich die weiteren Überlegungen Frankls ableiten lassen:

> „Letzten Endes sollte der Mensch nicht fragen, was der Sinn des Lebens ist, sondern er muss verstehen, dass er selbst es ist, der gefragt wird. Mit einem Wort, jeder Mensch wird vom Leben gefragt; und er kann dem Leben nur antworten, indem er sein eigenes Leben ver-antwortet; dem Leben kann er nur antworten, indem er verantwortlich ist." (ebd., S. 26)

4 Logotherapie in der Trauer

In der deutschsprachigen Fachliteratur finden sich aktuell nur wenige Beiträge über einen Einsatz der Logotherapie in der Trauerbegleitung. In den
drei von mir recherchierten Beiträgen wird zudem eine therapeutische Trauerbegleitung in pathologischen Trauerverläufen beschrieben. Die Texte sollen dennoch an dieser Stelle mit aufgenommen werden, um auch die praktischen Elemente einer logotherapeutisch ausgerichteten Trauerbegleitung
einfließen lassen zu können.

4.1 Uwe Böschemeyer: Arbeit mit Trauernden

Der Text von Prof. Dr. theol. Uwe Böschemeyer, Logotherapeut und Leiter
der Europäischen Akademie für Wertorientierte Persönlichkeitsbildung in
Salzburg erschien bereits 2001 in der Fachzeitschrift Existenz und Logos:
Zeitschrift für sinnzentrierte Therapie, Beratung und Bildung. Am Anfang dieses Textes postuliert Böschemeyer 10 allgemeine Leitlinien zum Verhalten
des/der Trauerbegleiters*in im Umgang mit Trauernden. Anschließend führt
er drei Fallbeispiele zu verkapselter Trauer an und kommt dann abschließend
zu Schlussbemerkungen. Die Fallbeispiele werden in dieser Zusammenfassung ausgespart, da es sich bei ihnen um Therapiebeispiele verkapselter
Trauer handelt, die eine Trauerbegleitung nicht proaktiv aufgesucht hätten.
Die 10 Leitlinien können wie folgt zusammenfassend dargestellt werden:

1. **Die erste Begegnung** zwischen Trauerndem und Trauerbegleiter*in
ist wichtig für den weiteren Prozess. Der/Die Trauernde soll sich wahr-
genommen und angenommen fühlen können. Schweigen, Da-Sein,
Zuhören, Weinen lassen, Blickkontakt suchen, sich anrühren lassen
vom Schmerz des/der Trauernden, die individuelle Situation des/der
Trauernden sehen und würdigen, sind die wichtigsten Aufgaben in der
ersten Begegnung.
2. **Aussprechen lassen** ist für den/die Trauernde/n von existentieller
Bedeutung. Durch Sprache kann er/sie sich seiner/ihrer Gefühle bewusst werden und über diese Klärung eine Distanz zu sich selbst schaffen. Das Chaos der Gefühle in der akuten Trauer benötigt Klärung, die

in der Versprachlichung beginnt. Der/Die Trauerbegleiter*in ist hier als Zuhörer*in und im Formulieren von Verständnisfragen, die dem/der Trauernden helfen, das schwer Sagbare zu formulieren, gefragt. Das Aussprechen der unabänderlichen Tatsache des Todes hilft bei der Realisierung des Inhalts.

3. **Weiterführende Fragen**, die auf die konkrete Zukunft des/der Trauernden abstellen, helfen Klarheit über anstehende Aufgaben zu gewinnen. Dabei schafft die Frage nach dem aktuell schwersten Problem eine Hierarchie. Nicht alles wird in gleicher Weise belastend und schwierig erlebt, sodass schon hier eine Entlastung spürbar werden kann. Die Frage nach dem aktuell stärksten Gefühl ermöglicht dem/der Trauernden einen Zugang ins Zentrum seiner Not und ermöglicht darüber eine gezielte Auseinandersetzung damit. Die Frage nach Überraschendem kann die Aufmerksamkeit des/der Trauernden auf ambivalente Gefühle lenken und die Allgegenwärtigkeit der Trauererfahrung aufbrechen.

4. **Der Blick zurück** hilft bei der Integration des Verlustes in die eigenen Lebenszusammenhänge. Dazu gehört sowohl das Schwierige als auch das Gelungene. Nur in der Auseinandersetzung mit Schwierigem kann durch Reue eine neue Ausrichtung stattfinden, die zukünftig andere Verhaltensweisen ermöglicht. Der Blick zurück auf das Gute würdigt diese Erinnerungen und bewahrt sie.

5. **Leben ist mehr als die Beziehung zu einem Menschen** - Das Gespräch über andere Sinnzusammenhänge, in denen der/die Trauernde eingebunden ist, hilft bei der erforderlichen Neuausrichtung.

6. **Sich wieder für Leben entscheiden** – Dem sich verändernden Menschen bietet das Leben neue Sinnzusammenhänge an. Es ist die Freiheit des /der Trauernden sich für oder gegen ein Weiterleben zu entscheiden.

7. **Was willst du tun?** – Gibt es eine Aufgabe, die aus der Liebe zu der verstorbenen Person für den/die Trauernde resultiert oder eine neue Aufgabe, die durch den Tod hervortritt? Die Versprachlichung hilft auch hier bei der Realisierung.

8. Das Wichtigste im Leben bleibt – Der Tod einer geliebten Person wird mit dem Verlust der Liebe im eigenen Leben assoziiert. Tatsächlich belegt das Gefühl von Trauer, dass der /die Trauernde auch über dieses Verlusterlebnis zur Liebe fähig ist und bewahrt damit die wichtigste Voraussetzung für das eigene Leben.

9. Den Schmerz loslassen – Nur in der Abwendung vom Schmerz gelingt die Zuwendung zu neuen Möglichkeiten. Dabei spielt das Gefühl von Verrat am Verstorbenen eine wichtige Rolle.

10. Das Trauern durchstehen – Der Prozess des Trauerns ist endlich. In seinem Verlauf wird der/die Trauernde weiter, lebensfähiger und reifer (vgl. Böschemeyer 2001, S. 110ff.).

In der Schlussbemerkung nimmt Böschemeyer Bezug auf die häufig an Therapeut*innen gerichtete Frage, ob mit dem Tod alles aus sei. Er verweist dazu auf die Tatsache, dass der Tod das letzte Neue ist, was dem Menschen widerfährt und damit auch die letzte Hoffnung. Und für sich selbst formuliert er im Anschluss die Gewissheit auf einen liebenden Gott, der den Menschen das Leben schenkt, auch über den irdischen Tod hinaus (vgl. ebd., S. 118f.).

4.2 Otto Zsok: Logotherapeutische Trauerarbeit

Der Text von Dr. phil. Otto Zsonk, selbst Logotherapeut und Leiter des Süddeutschen Instituts für Logotherapie und Existenzanalyse, erschien 2013 in der Fachzeitschrift Psychotherapie im Alter, in dem Themenheft Trauer. Nach einer kurzen Einführung in das Grundkonzept der Logotherapie und Existenzanalyse wird die Trauerarbeit auf logotherapeutischer Basis anhand eines Fallbeispiels dargestellt und im Anschluss erläutert. Auf die zusammenfassende Darstellung des Grundkonzeptes soll an dieser Stelle verzichtet werden, um die praktische Umsetzung zu fokussieren.

In dem Fallbeispiel wird von einer Frau berichtet, die vier Jahre nach dem Tod ihres Ehemanns immer noch an schweren Depressionen litt. Stationäre Aufenthalte brachten keine nachhaltige Besserung, die Überweisung zur Logotherapie erfolgte zur „Begleitung wegen der Sinnfrage". *(Zsok 2013, S. 495)* Die therapeutische Intervention setzte zunächst mit der beruhigenden Information, dass Trauer eine normale Reaktion auf einen hohen Wertverlust ist, ein und fragte die Patientin direkt nach dem Erleben eines Sinnanrufs in der Liebe zu ihrem Mann. Da diese Frage nicht sofort verstanden wird, führt der Therapeut sie aus: *„Vielleicht gibt es noch etwas, was Sie und nur Sie im Namen dieser Liebe tun, gestalten und abrunden können."* *(Zsok 2013, S. 496)* Und er verweist auf das Beispiel Frankls, der nach seiner Befreiung aus dem KZ ganz allein war, da seine Familie und Freunde alle im KZ ermordet worden waren. Und doch entschied er sich, sich nicht umzubringen, sondern dem Sinnanruf des Tages nachzukommen. Die Fotokopie eines Briefes von Viktor E. Frankl, datiert am 19.09.1945, in dem die Verzweiflung Frankls deutlich beschrieben ist, gibt der Therapeut der Patientin mit nach Hause, mit der Aufforderung wieder zu kommen, wenn sich nach der Lektüre dringender Gesprächsbedarf ergäbe. Bereits einen Tag später meldet die Patientin diesen Gesprächsbedarf an. In der folgenden Sitzung zeigt sie sich tief bewegt von dem Schicksal Frankls und relativiert daran ihr eigenes Schicksal. Insbesondere der Gedanke Frankls, dass niemand mehr nehmen kann, was schön und glücklich gewesen ist, reißt sie aus der Niedergeschlagenheit. Der Gedanke der Dankbarkeit für die glücklichen Jahre mit ihrem verstorbenen Mann wird vom Therapeuten eingeführt und durch die Patientin bestätigt. Dem Impuls über biographisches Schreiben eine heilende Lebensbilanz festzuhalten nähert sich die Patientin zunächst zögerlich. Der Therapeut erklärt das Potential der Methode im Hinblick auf das Erkennen des „goldenen Sinnfadens Ihres Lebens" *(Zsok 2013, S. 498)* und einer Stärkung des Selbstvertrauens durch die Vergegenwärtigung der schönen und wertvollen Geschehnisse ihres Lebens. Er bietet außerdem eine therapeutische Begleitung des Schreibprozesses, der 6-12 Monate dauern soll, an. Die Patientin willigt ein. Neben der Aufforderung zu achtsamem Umgang mit sich selbst (gut essen und schlafen, lange Spaziergänge und Austausch mit einer Freundin) empfiehlt der Therapeut ihr das Gebet mit der Bedeutungsfrage: „Wozu fordert mich der heutige Tag, meine jetzige Situation? Um was zu tun, oder um was zu lassen?" Diese Frage führt, nach Meinung des Therapeuten, zum Konzept einer logotherapeutischen Trauerarbeit (vgl. Zsok 2013, 494ff.).

Im folgenden Textabschnitt fasst Zsonk die logotherapeutische Trauerarbeit in 10 Punkten zusammen.

1. Trauer ist der Schmerz der Seele über einen hohen Wertverlust. Sie braucht ihre individuelle Zeit.
2. In der Trauer lebt die Liebe weiter.
3. Bereits Erlebtes bleibt für immer erhalten. Trauer hilft bei der Vergegenwärtigung dieser gesicherten Erinnerungen. Aber auch Not, Leid und Tod gehört zum Leben und sind notwenige Bestandteile.
4. Unterschieden werden muss zwischen veränderbarem und unveränderbarem Leid. Veränderbares Leid soll gestaltet und damit abgewendet werden. Im Leid liegt die Gefahr des Gedankens der Sinnlosigkeit. Diesen aufzugreifen und umzukehren ist die anzustrebende Haltung in unveränderbarem Leid.
5. Unterschieden werden kann lebensfördernde (sinnvolle) Trauer und lebenshemmende (sinnwidrige) Trauer. Letztere bedarf einer besonderen Achtsamkeit im Umgang des/der Trauernden mit sich selbst und seiner Umwelt mit ihm/ihr. In der Auseinandersetzung mit dem „höheren Bereich der geistigen Wahrheit" (Zsonk 2013, S. 501) setzen Gefühle von Trost ein, die eine Abkehr von der lebenshemmenden Trauer darstellen.
6. Die lebensfördernde Trauer zeichnet sich durch Dankbarkeit für das bereits unauslöschlich Erlebte aus. Ein „Seelenfrieden" mit der Unabänderlichkeit des Lebens wird erreicht und daraus erwächst dem Trauernden der „Mut zum Neubeginn".
7. Aspekte der Dankbarkeit und Freude können vielfältig auftreten und sollen vom Trauernden zugelassen werden.
8. Größte Verluste können langfristig integriert werden. Die Ausrichtung auf neue Aufgaben ist dafür essentiell.
9. Neben der Integration großer Verluste ist langfristig auch das Vergessen des Schmerzes möglich.
10. Zitat eines „Kraft spendenden Textes" von Joseph Anton Schneiderfranken Bo Yin Ra, der den/die Leser*in auffordert das Leid nicht zu suchen, aber in der Begegnung mit dem Leid Momente des Wachstums zu sehen. Der/Die Leser*in wird ermahnt, sich durch Blickrichtung in die Tiefe nicht selbst im Weg zu stehen, sondern stattdessen über einen Blick in die Höhe und damit über sich selbst hinaus die sich stellenden Aufgaben im eigenen Leben zu erkennen. Denn Trost erwächst

nicht aus Rückbezüglichkeit, sondern aus der Hinwendung auf eine neue Aufgabe (vgl. Zsok 2013, 499ff.).

4.3 Heidi Schönfeld: Florian, Fritz und Jürgen/ Elisabeth Lukas: Zum Thema: Trauerbewältigung

Aus dem 2016 erschienen Titel Sinnzentrierte Psychotherapie von Elisabeth Lukas und Heidi Schönfeld sind die beiden letzten Literarturbeispiele entnommen. Mittels exemplarischer Kasuistik beschreibt die Logotherapeutin Dr. phil. Heidi Schönfeld zunächst ein Fallbeispiel und im Folgekapitel stellt die Logotherapeutin Prof. h.c. Dr. phil. habil. Elisabeth Lukas dieses in den Bedeutungszusammenhang der Logotherapie.

Fallbeispiel

Eine junge Familie hat den Unfalltod ihres Sohnes Fritz zu betrauern. Die Großmutter nimmt Kontakt zur Logotherapeutin auf, da die Situation in der Familie katastrophal sei und insbesondere niemand dem neunjährigen Bruder des Verstorbenen beistehe. Florian gehe oft nicht zur Schule aus Angst an der Unfallstelle vorbeilaufen zu müssen. Das gemeinsam mit dem Bruder genutzte Zimmer ist zum Mausoleum geworden, nichts darf bespielt oder verändert werden. Die Therapeutin nimmt den Jungen einerseits als erstarrt in seiner Trauer wahr, andererseits sprudeln die ihn quälenden Fragen scheinbar ohne emotionale Beteiligung aus ihm heraus. Die Fragen des Jungen werden in mehreren Sitzungen aufgegriffen und er versöhnt sich mit dem Gedanken daran, dass der Schmerz in ihm so stark sei, weil er den verstorbenen Bruder so sehr geliebt hat. Die Erkenntnis, dass ihm diese Liebe niemand mehr nehmen kann und dass auch der Tod sie nicht auslöscht, stärkt ihn. Damit ist die Therapie zunächst beendet. Zwei Monate später nimmt die Großmutter wieder Kontakt zu der Therapeutin auf und berichtet von Florians panikartiger Angst, dass die Mutter sterben könne. In der folgenden Therapie wird der Unterschied zwischen hilfreicher und lähmender Angst erarbeitet. Florian bewertet die Angst vor dem plötzlichen Sterben der Mutter als dumm, da sie ihn und seine Mutter lähmt. Dennoch spürt er sie auch physisch immer wieder. Für dieses körperliche Gefühl wird ein Name gefunden: „Jürgen". In der Folge wird „Jürgen" in der Therapiestunde verlacht und klein gemacht.

Florian selbst hat den Impuls dem „Teufel Jürgen" einen Antagonisten ent-
gegenzusetzen und erschafft sich den „Engel Fritz", in Verbundenheit mit seinem verstorbenen Bruder Fritz. Schon kurz nach der gedanklichen Erschaf-
fung des „Engels Fritz" kann Florian die für ihn spürbare Entlastung ausdrücken. In der Praxis bewährt sich die Schaffung der inneren Distanz, um einer
pathologischen Panik zu entkommen (vgl. Lukas und Schönfeld 2016,
147ff.).

In dem auf das Fallbeispiel folgenden Text stellt Elisabeth Lukas das beschrieben Fallbeispiel in den Zusammenhang der Erkenntnisse Frankls aus
der Existenzanalyse und Logotherapie.

Die Frage nach dem Sinn des Leidens stellt sich in der Situation eines Kin-
dersterbefalls in besonderem Maße und wurde von Frankl in Anlehnung an
die Theodizee-Frage (Warum lässt Gott so etwas zu?) als metaklinische Pa-
thodizee benannt. Dazu greift Lukas zunächst sechs richtungsweisende Gedanken Frankls auf:

1. Der Mensch kann auf drei Arten Sinn erleben: In der Schaffung schöp-
   ferischer Werte, in Erlebniswerten und in der Verwirklichung von Einstellungswerten.
2. Die Verwirklichung von Einstellungswerten ist dem leidenden Menschen vorbehalten. Denn erst in der Situation unabänderlichen Leidens
   ist der Mensch gefordert, dieses Leiden mit Sinn zu füllen.
3. Normale Reaktionen sind angesichts abnormaler Situationen (wie der
   Tod eines Kindes) nicht möglich.
4. In der Folge ist es als enorme menschliche Leistung anzuerkennen,
   wenn der leidende Mensch sich über die Urinstinkte erhebt und seinem
   Leiden mit Würde und Heroismus begegnet.
5. In der Umsetzung von Einstellungswerten sowie der Einnahme einer
   demütigen Haltung liegen laut Frankl die angemessenen Haltungen gegenüber dem Schöpfer. Der Übersinn bleibt dem Menschen verborgen,
   da er einer höheren Dimension zugehört. Einen Beweis für die Existenz
   eines Übersinns des Leidens in einer Überwelt kann Frankl nicht lie-
   fern, was aber auch nicht den Gegenbeweis darstellt.

6. Mit der Begrifflichkeit des Übersinns stellt Frankl auf die Transzendenz ab. Und hier vermutet er auch die bereits gelebten Momente unwiederbringlich und unauslöschlich geborgen zu sein. Keine wertvolle Erfahrung kann ausgelöscht werden und das macht den Trauernden reich (vgl. Lukas und Schönfeld 2016, 154ff.).

Konkret auf das Fallbeispiel angewendet ist hier zunächst die erste Begegnung zwischen Florian und der Therapeutin wichtig. Sie hört dem Jungen zu, lässt ihn mit seinen Bedürfnissen ankommen und weicht seinen Fragen nicht aus. Sie schenkt ihm Aufmerksamkeit und nimmt sich seiner Not an. In der Bestätigung der Liebe zum verstorbenen Bruder liegt für Florian der Schlüssel zu seinem Schmerz. An diesem Punkt ist bereits der akute Therapiebedarf gedeckt. In der folgenden Zeit entwickelt Florian eine Angststörung. Dazu führt Lukas aus, dass bei Florian eine Angstdisposition vorhanden sein mag, die durch den Auslöser der vermutlich immer noch vollkommen auf den verstorbenen Sohn fixierten Mutter, in eine Angststörung mündet. Über die logotherapeutische Methode der paradoxen Intention lernt Florian sich von seiner Angst zu distanzieren und ihr aktiv zu begegnen. Kritisch äußert sich Lukas zur Wahl des Namens für das Angstgespenst „Jürgen", legitimiert diese Wahl jedoch mit der Annahme, dass die Namenswahl vom kindlichen Patienten ausging und grundsätzlich der Widerspruch gegenüber Kinderpatienten vermieden wird, um die Compliance nicht zu gefährden. Im Therapieverlauf „kämpft" Florian gegen seine nun objektivierte und in Selbstdistanz gebrachte Angst. Das fällt ihm zunehmend leichter und schließlich äußert er selbst, dass der „rote Jürgen" (ebd. S. 161) nicht mehr existiert. Die Trauer um seinen Bruder, hat diesem eine Verbundenheit in nicht auszulöschender Liebe beschert. Er kann sich nun von seinem verstorbenen Bruder lösen ohne ihn zu verlieren und ebenso von der Angst um seine Mutter, von der er sich als irrational und lähmend ebenfalls distanzieren konnte (vgl. ebd., 159ff.).

4.4 Auswertung

Diese Quellen eröffnen den Blick auf eine praktische Umsetzung der logotherapeutischen Grundhaltung in der Begleitung Trauender. Für die Auswertung der Texte in Bezug auf die Einsatzmöglichkeiten und Grenzen der Logotherapie und Existenzanalyse in der Trauerbegleitung ist es wichtig, dass die dargestellten Beispiele aus therapeutischen Zusammenhängen stammen. Ergänzend lässt sich also bereits feststellen, dass Logotherapie auch Möglichkeiten für pathologische Trauerverläufe anzubieten hat. Für die Fragestellung dieser Studie ist das jedoch nicht relevant. In der Fokussierung der Trauerbegleitung lassen sich die dargelegten Grundhaltungen und beschriebenen Abläufe für ein pädagogisches Grundgerüst aber nutzen.

Insbesondere in der Verdichtung auf die 10 allgemeinen Leitlinien zum Verhalten des/der Trauerbegleiters*in im Umgang mit Trauernden bei Böschemeyer, in den 10 Punkten zur logotherapeutischen Trauerarbeit bei Zsonk und in den richtungsweisenden Gedanken Frankls bei Lukas sind die konkreten Inhalte für ein logotherapeutisches Trauerbegleitungskonzept bereits benannt. Diese sollen in Kapitel 6 mit aufgenommen werden.

5 Empirische Untersuchung

Im folgenden Kapitel wird die in Form eines leitfadengestützten Experteninterviews durchgeführte empirische Untersuchung dargestellt. Nach einer methodischen Einführung in die gewählte Methode wird die Durchführung erläutert, um im Anschluss das erhobene Material exemplarisch auszuwerten und
die Ergebnisse unter dem Fokus der Forschungsfrage zu diskutieren.

5.1 Methoden

Das Experteninterview ist eine Erhebungsmethode der qualitativen Sozialforschung.

5.1.1 Leitfadengestütztes Experteninterview

Im Folgenden werden die Begrifflichkeiten des Experteninterviews, des Experten und des Leitfadens mittels ihrer Beschreibung in der Fachliteratur dargestellt.

Experteninterview

Das qualitative Interview erfreut sich in der qualitativen Sozialforschung einer
großen Beliebtheit. Lamnek führt dazu aus, dass das zum einen an dem vereinfachten Zugang ins Feld liegt, da hier jeweils nur ein Interviewpartner gefunden werden muss, während bei Beobachtungen stets das Einverständnis
mehrerer Personen gefragt ist, zum anderen hat bereits eine gründliche Auseinandersetzung mit den Auswertungsverfahren stattgefunden und die ge-
wonnenen Daten liegen in intersubjektiv nachvollziehbarer Weise vor.
Dadurch kommt dem qualitativen Interview ein methodisch und methodologisch hoher Status zu. (Lamnek 2005, S. 329)
Kruse versteht das Experteninterview als anwendungsfeldbezogene Vari-
ante des Leitfadeninterviews. Dabei zeichnet es sich eben nicht durch die
methodische Durchführung, sondern durch die interviewte Zielgruppe der Expert*innen aus. (Kruse 2014, S. 168) Wie auch Meuser und Nagel stellt Kruse
dar, dass Experteninterviews den organisatorischen oder institutionellen
Kontext in den Fokus nehmen, in dem der Interviewte einen "Faktor" darstellt.
Das unterscheidet das Experteninterview von anderen Interviewformen, die

die Gesamtperson mit ihren Orientierungen und Einstellungen zum Gegenstand der Analyse machen (Meuser und Nagel, S. 442 und Kruse 2014, S. 168f.)

Das Experteninterview zielt dabei auf den Wissensvorsprung des Expert*innen in seinem Funktionskontext. Meuser und Nagel weisen darauf hin, dass Expertenwissen den Expert*innen häufig nicht in diskursfähiger Weise vorliegt, sondern eher als diffuses Wissen im Rahmen der ausgeübten Expertentätigkeit eingesetzt und so auch dargestellt wird (Meuser und Nagel 2011, S. 57f.).

Experten

Bei der Einbindung von Expert*innen und ihrem Wissen bleibt zu klären, wer eigentlich Experte*in in diesem Verständnis ist. In der Literatur finden sich dazu differenzierende Angaben: Im Definitionsverständnis des/r Experten*in nach Meuser und Nagel, ist der/diejenige Experte*in, der/die selbst Teil des Handlungsfeldes ist. Ob jemand Expertenstatus besitzt ist bei Meuser und Nagel abhängig vom Forschungsinteresse und macht den Expertenstatus damit relational. Kriterien zur Ernennung eines Experten*in sind dabei das Tragen von Verantwortung in Problemlösungszusammenhängen oder das Verfügen über einen privilegierten Zugang zu Informationen im Rahmen des Forschungsinteresses. Meuser und Nagel weisen in diesem Zusammenhang auch darauf hin, dass Expert*innen in diesem Verständnis häufig nicht in der obersten Führungsebene, sondern aus der zweiten oder dritten Hierarchieebene rekrutiert werden, da hier das meiste und detaillierteste Wissen vorhanden ist und Entscheidungen vorbereitet und durchgesetzt werden (vgl. Meuser und Nagel, S. 443f.).

Auch weisen Meuser und Nagel auf einen Mangel an methodischer und methodologischer Reflexion hin, der zur Folge hat, dass die Kriterien, nach denen Experte*innen im Sinne der Experteninterviews als solche identifiziert und spezifiziert werden, oft nicht klar definiert sind. Eine systematische Diskussion des Expertenbegriffs steht hier noch aus und knüpft aktuell an die wissenssoziologische Unterscheidung von Laien (mit Allgemeinwissen) und Expert*innen (mit spezialisiertem Sonderwissen) an. Im Rahmen unserer arbeitsteilig organisierten Gesellschaft kommt Expertenwissen eine besondere Notwendigkeit und dem Wissensträger damit eine *"sozial institutionalisierte*

Expertise" (Sprondel 1979, S. 141 u. 148) zu. Expert*innen sind nach diesem Verständnis im institutionalisierten Kontext verortet, die sich im Berufskontext eindeutig zuordnen lassen, aber auch in außerberuflichen Kontexten kommt es vermehrt zur Ausbildung und Institutionalisierung von Experten im Rahmen dieses Verständnisses (vgl. Meuser und Nagel 2011, S. 57f.).

Leitfaden

„Ein Leitfaden besteht aus Fragen, die einerseits sicherstellen, dass bestimmte Themenbereiche angesprochen werden, die andererseits aber so offen formuliert sind, dass narrative Potenziale des Informanten dadurch genutzt werden können." (Marotzki 2011, S. 114)

Meuser und Nagel beschreiben das Leitfadeninterview als geeignete Methode zur Erhebung eines Experteninterviews, da es zum einen die Kompetenz des Befragten besser würdigt als ein biographisch-narratives Interview und andererseits gezielter in den Dienst des Erkenntnisinteresses gestellt wird. Dabei wird der Leitfaden flexibel eingesetzt und dient dem Interviewenden als Unterstützung in der Ansprache der relevanten Themen. So wird ein gekünstelter Interviewablauf durch Dopplungen vermieden und Raum für unerwartete Themendimensionierungen geschaffen (vgl. Meuser und Nagel 2011, S. 58). Dieser Einschätzung folgend wurde für das vorliegende Experteninterview ein Leitfaden vorbereitet, der über eine offene Eingangsfrage dem Interviewten die Gelegenheit gab, sich zunächst entsprechend seiner eigenen Denkstruktur zum Thema zu äußern und im weiteren Verlauf vertiefende Inhalte gezielt platzieren konnte.

5.1.2 Aufbereitung und Auswertung

Transkription

Mayring versteht unter Transkription das Erstellen einer vollständigen Textfassung des verbal erhobenen Materials, die dann die Basis für die interpretative Auswertung bietet. Dabei sind unterschiedliche Vorgehensweisen möglich: Eine Orientierung am IPA (internationalen phonetischen Alphabet) stellt dabei die exakteste Möglichkeit dar (vgl. Mayring 2016, S. 89). Lamnek weist darauf hin, dass in der Transkription die erfassten Daten verschriftlicht werden und so das kritische Nachvollziehen des Interviews und

der Interpretation ermöglicht wird. Die daraus entstehende methodische Si-
cherheit ist erforderlich, um den Vorwürfen der Beliebigkeit bei der Interpretation begegnen zu können (vgl. Lamnek 2005, S. 390).

Auch nach Meuser und Nagel setzt die Auswertung des Experteninterviews
seine Transkription voraus. Allerdings stellen sie die Besonderheit des Experteninterviews in den Fokus und legen dar, dass sie aufwendige Notations-
systeme, die Pausen, Stimmlagen und nonverbale und parasprachliche Elemente aufnehmen, für überflüssig halten, da sie nicht Gegenstand der Interpretation sind. Weiterhin postulieren Meuser und Nagel, dass eine vollständige Transkription des Experteninterviews nur in Abhängigkeit von dem ge-
lungenen Diskursverlauf im Interview notwendig ist (vgl. Meuser und Nagel,
S. 455–456).

Für das geführte Interview wurde zunächst ein vollständiges Transkript unter
Einbeziehung der Pausen, stärkeren Betonungen sowie nonverbalen und parasprachlichen Elementen erstellt. Im Arbeitsprozess fand dann eine Überar-
beitung dessen statt. Dabei liegt dem im Anhang eingestellten Transkript die
Einschätzung Meuser und Nagels zugrunde. Auf die Transkription von Pausen, Stimmlagen, nonverbalen und parasprachlichen Elementen wurde deshalb verzichtet. Das Transkript ist als vollständige literarische Umschrift unter
Verwendung des gebräuchlichen Alphabets erstellt worden und zusätzlich
wurde partiell eine Glättung des Textes in Bezug auf Dialekt, Satzbau und
Stil vorgenommen.[1]

Qualitative Inhaltsanalyse

Im Folgenden wird die Qualitative Inhaltsanalyse nach Mayring dargestellt
und unter 5.3 zur Auswertung des vorliegenden Interviews genutzt.

Mayring weist auf die Schwierigkeit einer eindeutigen Definition der Qualitativen Inhaltsanalyse hin und beschreibt daher mehrere Aspekte, die er für
signifikant erachtet. So soll zunächst die Inhaltsanalyse Kommunikation (in

---

[1] Nach Rücksprache mit dem Interviewpartner erfolgte für die Veröffentlichung eine weitere Glättung der ausgewählten Zitate. Dies geschah unter Berücksichtigung der im Text
(5.1.2 Aufbereitung und Auswertung/Transkription) ausgeführten Überlegungen von Meuser und Nagel. Von einer Veröffentlichung des vollständigen Transkriptes wurde abgesehen.
.

Form von fixierter Kommunikation) analysieren, dabei systematisch, also regelgeleitet und auch theoriegeleitet vorgehen und das Ziel verfolgen Rückschlüsse auf bestimmte Aspekte der Kommunikation zu ziehen (vgl. Mayring 2010, S. 11f.).

Das Ziel der Qualitativen Inhaltsanalyse ist das systematische Bearbeiten des Materials mit theoriegeleiteten (deduktiv) und/oder am Material (induktiv) entwickelten Kategorien. Im konkreten Vorgehen nutzt sie dazu drei Techniken: Zusammenfassung, Explikation und Strukturierung. Sie können einzeln oder kombiniert Anwendung finden, abhängig von Fragestellung und Material (vgl. Mayring und Gahleitner 2010, S. 296).

Ziel der Zusammenfassung ist durch erhöhte Abstraktion des Textes einen Überblick über das Textmaterial zu erreichen. Hier setzt die induktive Kategorienbildung ein und ermöglicht eine schrittweise Verdeutlichung der Struktur des vorliegenden Materials durch die Zuordnung in Kategorien. Im Arbeitsprozess stabilisiert und differenziert sich das induktiv gebildete Kategoriensystem dann durch die Zuordnung weiterer Textstellen in die gleichen Hauptkategorien oder ggf. deren Unterkategorien immer mehr. Die im Hinblick auf die Beantwortung der Forschungsfrage notwendigen Rückkoppelungen geben Antwort auf die Frage, ob Kategoriendefinitionen und Abstraktionsniveaus bereits angemessen sind oder weiter ausdifferenziert werden müssen (vgl. Mayring und Gahleitner 2010, S. 296f.).

In der Explikation werden unklare Textbestandteile unter Zuhilfenahme von direktem (aus dem Text) oder auch externem (weitere Quellen) Material präziser analysiert. Auch hier erfolgt eine Rückkoppelung im Fokus der Forschungsfrage und ggf. eine weitere Explikation (vgl. Mayring und Gahleitner 2010, S. 296f.).

Mit Strukturierung wird in der Qualitativen Inhaltsanalyse eine Einteilung des Textes in ein deduktiv oder induktiv erstelltes Kategoriensystem bezeichnet. Durch systematische Extraktion werden alle durch Kodierregeln klar zuweisbaren Textstellen extrahiert. Dabei können explizite Kategoriedefinitionen und sogenannte "Ankerbeispiele" aus dem Text helfen, den Kodierleitfaden auszuarbeiten, anhand dessen die Strukturierungsarbeit präzisiert und nachvollziehbar dokumentiert wird (vgl. ebd., S. 296f.).

Für die Qualitative Inhaltsanalyse hat Mayring ein allgemeines Ablaufschema (Abbildung 6) entwickelt. Mayring weist darauf hin, dass die Wissenschaftlichkeit der Qualitativen Inhaltsanalyse darin begründet ist, dass sie in einzelne Analyseschritte zerlegt wird, die vorher feststehen und dadurch intersubjektiv überprüfbar sind. Eine Anpassung des Ablaufschemas auf den konkreten Einzelfall ist geboten und entspricht der Besonderheit des Materials qualitativer Forschung.

5.1.3 Gütekriterien

Ein wichtiger Standard empirischer Forschung sollte nach Mayring eine Einschätzung der Ergebnisse sein. Bezug genommen wird dabei meist auf Validität (Habe ich wirklich das erfasst, was ich erfassen wollte?) und Reliabilität (Habe ich den Gegenstand exakt erfasst?). Eine Übernahme der Gütekriterien aus der quantitativen Forschung stellte sich jedoch als unpassend heraus, sodass Mayring eine Forderung für die Entwicklung eigener Gütekriterien in der qualitativen Forschung formuliert. Flexiblere Geltungsbegründungen der Ergebnisse, die Belege anführen und diskutieren und damit die Begründbarkeit und Verallgemeinbarkeit der Ergebnisse in den Vordergrund stellen, sind hier gefragt.

Mayring stellt dazu sechs allgemeine Gütekriterien qualitativer Sozialforschung vor:

1. **Verfahrensdokumentation**

   Um die Nachvollziehbarkeit des Forschungsprozesses zu gewährleisten, wird das Vorgehen detailliert dokumentiert. (Explikation des Vorverständnisses, Zusammenstellung der Analyseinstrumente, Durchführung und Auswertung der Datenerhebung)

2. **Argumentative Interpretationsabsicherung**

   Interpretationen müssen argumentativ nachvollzogen werden können. Dazu muss das Vorverständnis adäquat sein, um die Deutung sinnvoll aus der Theorie nachvollziehen zu können. Und die Interpretation muss in sich schlüssig sein, Brüche müssen erklärt und Alternativdeutungen widerlegt werden

3. Regelgeleitetheit

Auch wenn Modifikationen im Sinne des Forschungsprozesses möglich sein müssen, muss eine Regelgeleitetheit erkennbar bleiben. Ablaufmodelle sind hier ein geeignetes Mittel, um einem zuvor systematisierten Forschungsablauf zu folgen.

4. Gegenstandsangemessenheit

Qualitative Forschung setzt an konkreten sozialen Problemen an und versteht Forschung als Interessenswahrnehmung der Betroffenen dieser Probleme. Dadurch erreicht der Forschungsprozess eine größtmögliche Annäherung an den Forschungsgegenstand.

5. Kommunikative Validierung

Eine Ergebniskontrolle der Forschung kann über eine Überprüfung durch die Beforschten erfolgen. Eine ausschließliche Validierung über diese Möglichkeit würde jedoch die Ergebniskontrolle auf die subjektiven Bedeutungsstrukturen der Betroffenen beschränken.

6. Triangulation

Darunter wird der Versuch für die Fragestellung unterschiedliche Lösungswege zu finden und deren Ergebnisse zu vergleichen verstanden. Eine vollkommene Übereinstimmung ist dabei nie zu erreichen. Mayring impliziert hier auch den Einbezug quantitativer Forschungsmethoden. (vgl. Mayring 2016, S. 144ff.).

Im Folgenden wird die konkrete Durchführung des Interviews mit den dazugehörigen Memos dargestellt.

5.1.4 Memos

Bereits im Februar hatte ich per Email Kontakt zu dem von mir für das Interview favorisierten Experten aufgenommen. Auf meinen Wunsch im Rahmen meiner Studie ein Experteninterview mit ihm zu führen reagierte er zeitnah und positiv. Ich hatte hier auch bereits den Arbeitstitel: „Möglichkeiten und Grenzen der Logotherapie für die Trauerbegleitung" genannt. Der Experte war mir bereits aus Fortbildungen in meinem Erstberuf als Bestattermeisterin bekannt. An diese Verbindung konnte ich in der ersten Kontaktaufnahme anknüpfen.

Dann folgten zunächst Absprachen mit der mich in der Studie begleitenden Dozentin, bezüglich Thema, Gliederung und Leitfaden für das Interview. Anfang April, wieder über Email, erfolgte dann die Absprache zur Realisierung des Interviews.

Wie bereits dargelegt, sollte das Experteninterview als Leitfadeninterview vorbereitet und durchgeführt werden. Den Leitfaden habe ich in der Interviewdurchführung eingesetzt und im Anhang dieser Studie eingestellt.

Da ich dem Experten zunächst zugesagt hatte, dass er den von mir erarbeiteten Leitfaden zur eigenen Vorbereitung vorab bekommen könnte, musste ich diese Zusage zurücknehmen, da nach Absprache mit meiner Dozentin die Datenerhebungsmethode des Interviews auf spontane Äußerungen von Experten abstellt, die aus ihrem kontextuellen Wissen heraus erfahrungsgemäß auf die prägnanten Inhalte zu sprechen kommen.

Am 08.04.2017 um 11.15 Uhr trafen wir uns in seinem Büro. Hier konnten wir das Interview in ungestörter Atmosphäre führen. Wir saßen uns dabei an einem Schreibtisch gegenüber. Der Raum war hell und freundlich, wirkte aber etwas vollgestellt. Der Experte sorgte noch für Wasser und Gläser und nach kurzem informellen Austausch begannen wir mit dem Interview.

Nach Beendigung des Interviews folgte wieder ein kurzer informeller Austausch. Die Stimmung war gelöst. Mein Eindruck, war, dass der Experte sich gerne im Interview zu den Themen geäußert hat und er in der angefragten Rolle als Experte souverän agieren konnte. Er begleitete mich dann zum Ausgang, wo sich unsere Wege trennten. Insgesamt hatte ich den Eindruck, dass der Experte sich gerne die Zeit genommen hat und das Interview für sich selbst interessant fand.[2]

5.1.5 Expertenbeschreibung

Der interviewte Experte ist Dipl.-Sozialpädagoge mit einer langjährigen praktischen Berufserfahrung auch in der Trauerarbeit.

Die anzustrebende Präzisierung, Modifizierung und Revidierung meiner theoretischen Vorannahmen ließen sich mit der Entscheidung, das Interview mit

---

[2] Die Expertenbeschreibung wurde an dieser Stelle für die Veröffentlichung gekürzt, um die Anonymität des Interviewpartners besser zu schützen.

einem Logotherapie-Experten, der zudem auch noch Experte in Trauerbegleitung und Ausbildung von Trauerbegleiter*innen ist, gut realisieren.

Der interviewte Experte kann über ein Verständnis von Expertentum, das sich über berufliche Institutionalisierung zuordnen lässt, ohne Zweifel als Experte kategorisiert werden.

Außerdem ist in Bezug zu der Darstellung in 5.1.1 festzuhalten, dass der interviewte Experte seine Ausführungen zum Thema diskursfähig darstellt, was in seiner beruflichen Tätigkeit als Lehrbeauftragter liegen mag und im Ergebnis ein sehr dichtes Textmaterial zur Folge hatte.

Die Zusicherung von Anonymität wurde dem Experten gegenüber kommuniziert (Przyborski und Wohlrab-Sahr 2010, S. 135) und die Anonymisierung gemäß der konsensualen Haltung in der Fachliteratur umgesetzt (Lamnek 2005, S. 385).

5.1.6 Interview

Dem Verständnis eines Leitfadeninterviews von Meuser und Nagel folgend wurde für das Interview einen Leitfaden vorbereitet, der über eine offene Eingangsfrage dem Interviewten die Gelegenheit gab, sich zunächst entsprechend seiner eigenen Denkstruktur zum Thema zu äußern und im weiteren Verlauf Vertiefungsthemen gezielt platzieren konnte.

Der Interviewpartner nahm die offene Eingangsfrage auf und hat sich in dem insgesamt 56:39 minütigen Interview zunächst 23:56 Minuten frei geäußert, bevor die im Leitfaden vorbereiteten Fragen zum Einsatz kamen. Insgesamt wurden neben der Eingangsfrage sieben Fragen gestellt, die der Experte einzeln beantwortet hat. Der Interviewverlauf war fließend und ohne Störungen von außen. Eine kurze Irritation stellte die Nachfrage des Interviewten, ob die Aufnahme noch laufe dar.

Die Atmosphäre während des Interviews war gut und die äußeren Einflussfaktoren wie Beleuchtung, Temperatur und Luftqualität angemessen.

5.2 Auswertung

Die Auswertung erfolgt in enger Anlehnung an das allgemeine inhaltsanalytische Ablaufmodell von Mayring, das in Abbildung 6 dargestellt ist. Im Folgenden wird entlang des Modells und unter Verwendung der dort benannten

Ablaufschritte zunächst die Vorbereitung der Inhaltsanalyse dargestellt, um dann in die zusammenfassende Inhaltsanalyse einzusteigen, die eng an dem in Abbildung 8 dargestellten Ablauf durchgeführt wurde.

Vorbereitung der Inhaltsanalyse

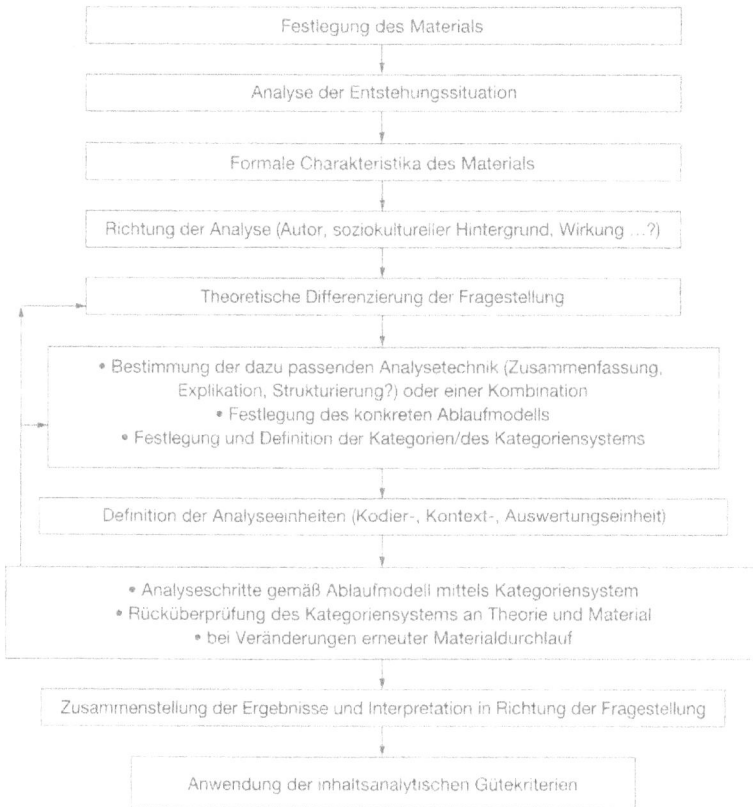

Festlegung des Materials

↓

Analyse der Entstehungssituation

↓

Formale Charakteristika des Materials

↓

Richtung der Analyse (Autor, soziokultureller Hintergrund, Wirkung ...?)

↓

Theoretische Differenzierung der Fragestellung

↓

• Bestimmung der dazu passenden Analysetechnik (Zusammenfassung, Explikation, Strukturierung?) oder einer Kombination • Festlegung des konkreten Ablaufmodells • Festlegung und Definition der Kategorien/des Kategoriensystems

↓

Definition der Analyseeinheiten (Kodier-, Kontext-, Auswertungseinheit)

↓

• Analyseschritte gemäß Ablaufmodell mittels Kategoriensystem • Rücküberprüfung des Kategoriensystems an Theorie und Material • bei Veränderungen erneuter Materialdurchlauf

↓

Zusammenstellung der Ergebnisse und Interpretation in Richtung der Fragestellung

↓

Anwendung der inhaltsanalytischen Gütekriterien

Abbildung 6 Allgemeines inhaltsanalytisches Ablaufmodell (Mayring 2010, S.60)

Da es sich bei dem vorliegenden Material um ein singuläres Interview handelt, ist die **Festlegung auf das Material** eindeutig.

Unter 5.2 habe ich bereits die **Entstehungssituation** beschrieben und analysiert.

Formales Charakteristikum des vorliegenden Interviews ist, dass es sich hier um ein Experteninterview handelt, das mit einem Diktiergerät aufgenommen wurde und anschließend vollständig, unter Beachtung der in 5.1.2 näher ausgeführten Überlegungen, transkribiert wurde. Das Transkript ist Grundlage der Auswertung.

Das im Fokus der Fragestellung liegende theoretische Interesse an der Logotherapie als mögliche methodische Bereicherung für die professionelle Trauerbegleitung, weist dem Interview einen Informationszugewinn aus der Perspektive eines praktischen Anwenders zu. Nach dem inhaltsanalytischen Kommunikationsmodell (Abbildung 7) ist die **Richtung der Analyse** daher, durch den Text Aussagen über den kognitiven Hintergrund des Kommunikators (hier der Interviewte) zu machen.

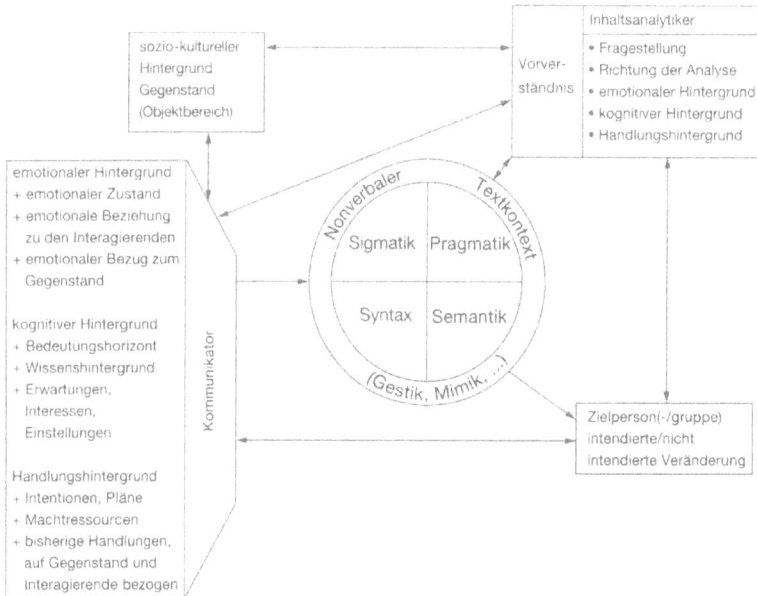

sozio-kultureller
Hintergrund
Gegenstand
(Objektbereich)

Vorver-
ständnis

Inhaltsanalytiker
• Fragestellung
• Richtung der Analyse
• emotionaler Hintergrund
• kognitiver Hintergrund
• Handlungshintergrund

emotionaler Hintergrund
+ emotionaler Zustand
+ emotionale Beziehung
  zu den Interagierenden
+ emotionaler Bezug zum
  Gegenstand

kognitiver Hintergrund
+ Bedeutungshorizont
+ Wissenshintergrund
+ Erwartungen,
  Interessen,
  Einstellungen

Handlungshintergrund
+ Intentionen, Pläne
+ Machtressourcen
+ bisherige Handlungen,
  auf Gegenstand und
  Interagierende bezogen

Kommunikator

Nonverbaler / Textkontext

Sigmatik Pragmatik

Syntax Semantik

Gestik, Mimik...

Zielperson(-/gruppe)
intendierte/nicht
intendierte Veränderung

Abbildung 7 Inhaltsanalytisches Kommunikationsmodell (Mayring 2010, S.57)

Das vorliegende Interview enthält die Ausführungen eines praktizierenden Logotherapeuten, der überdies praktische Erfahrung im Handlungsfeld der professionellen Trauerbegleitung hat und beide Bereiche bereits miteinander verknüpft hat. In diesem Zusammenhang ist es nun von Interesse, ob seine Aussagen die in der Themenstellung der vorliegenden Studie theoretisch an-

genommenen Möglichkeiten und Grenzen der Logotherapie und Existenzanalyse Frankls für die professionelle Trauerbegleitung mit Erfahrungswis-
sen belegen können.

In der **theoretischen Differenzierung der Fragestellung** ergeben sich daraus zwei Hauptfragestellungen an das Interview:

1. Welche philosophischen Grundlagen bieten Logotherapie/Existenz-
   analyse für die professionelle Trauerbegleitung?
2. Welche Aspekte sollten in der Konzeption einer logotherapeutischen/
   existenzanalytischen Trauerbegleitung enthalten sein?

5.2.1 Zusammenfassende Inhaltsanalyse

Um der Dichte des Materials begegnen zu können und unter Einbeziehung der durch das angefertigte Verlaufsprotokoll geleisteten Vorarbeit, fällt die **Bestimmung der passenden Analysetechnik** auf die Zusammenfassung. In der konkreten Umsetzung erfolgt dies entlang des Ablaufmodells zusammenfassender Inhaltsanalyse nach Mayring, dargestellt in Abbildung 8.

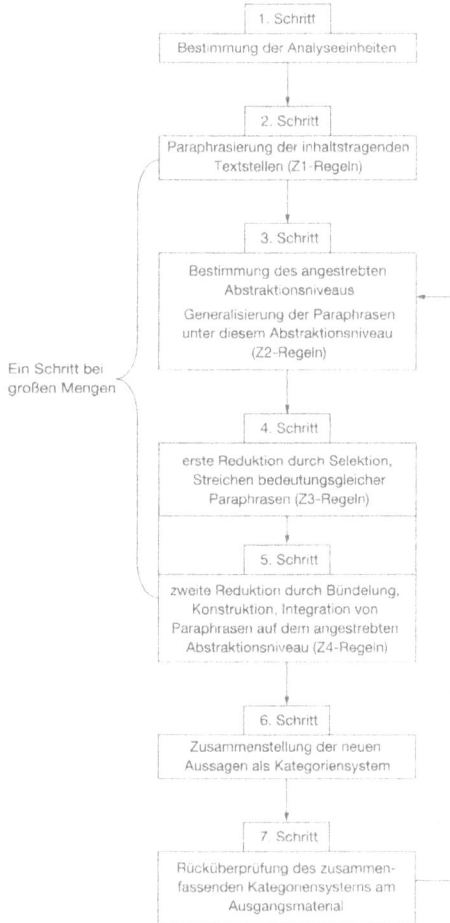

Abbildung 8 Ablaufmodell zusammenfassender Inhaltsanalyse (Mayring 2010, S.68)

Schritt 1: Für die Analyse wurden die Textstellen mit explizit genanntem Bezug zum Thema Trauerbegleitung ausgewählt. Diese neun Textstellen wurden im Verlaufsprotokoll herausgestellt und farblich markiert (siehe Anhang). Eine farbliche Kennzeichnung der ausgewählten Stellen erfolgte auch im literarischen Transkript.

Schritt 2: Die ausgewählten Textstellen werden durch Paraphrasierung verdichtet.

<u>**Textstelle 1:**</u>

Ja, dazu würde ich sagen, dass die Logotherapie ein sehr geeignetes Wissensgut hat für die Trauerarbeit und dass es auch wichtig ist das bekannter zu machen.

Paraphrasierung: Die Logotherapie bietet philosophische Grundlagen für die Trauerbegleitung und sollte verbreitet werden.

<u>**Textstelle 2:**</u>

Wenn wir das gleich auf die Trauerarbeit beziehen dann ist es natürlich am Anfang erstmal so, dass jemand betroffen ist von einer Trauer und dann ist er da ganz in dieser Subjektivität von Trauererfahrung, ja manchmal auch richtig gefangen oder nehmen wir das Wort verstrickt oder nehmen wir das Wort belastet. Da kann man ihm dann nicht gleich einfach mit einem Konzept kommen. Aber, für Trauerbegleiter ist das etwas ganz Wichtiges, dass die ein Menschenbild haben, was diese Freiheit, diese Möglichkeit des Gestaltens beinhaltet, weil sonst wären sie eigentlich nur Begleiter, die immer nur bestätigen (dem Trauernden), dass es ihm nicht gut geht. Der Trauerbegleiter muss in sich sozusagen schon stellvertretend für den Trauernden den weiteren Horizont haben. In den der andere sich ja dann mit der Zeit hineinfühlt und hineinlebt. Also es geht gar nicht darum ein Konzept sozusagen dann aufzudrücken, sondern man muss selber sozusagen dieses Konzept sein als Trauerbegleiter. Und das ist dann auch schon die erste Hilfe, denn ganz viel geschieht ja zunächst einmal im Beziehungsgeschehen der Begleitung und da ist ganz viel Unausgesprochenes, aber das Beziehungsgeschehen das ist dann tatsächlich, die Qualität des Beziehungsgeschehens hängt dann davon ab wie der Trauerbegleiter eigentlich innerlich strukturiert ist, was für eine Wahrnehmung er hat und was für einen inneren Horizont er hat. Das überträgt sich irgendwie so, und das ermöglicht ja dem Trauerbegleiter wiederum auch im Anderen oder den Andern zu erinnern an Freiheitsmöglichkeiten, wo er sie selbst vergessen hat. So und das wäre die Hilfe

Paraphrasierung: Der/Die Trauernde ist anfänglich in der Subjektivität seiner/ihrer Trauer gefangen und ist dann nicht zugänglich für anderes. Der/Die Trauerbegleiter*in muss stellvertretend für den/die Trauernden ein Menschenbild haben, das aus dieser Subjektivität wieder herausführt. Fehlt dem/der Trauerbegleiter*in dieses Menschenbild kann er/sie lediglich das Leid des/der Trauernden bestätigen. Hat er/sie dieses Menschenbild aber, wird er/sie sich über diese Selbsttranszendenz selbst zum Konzept und wirkt in der persönlichen Begegnung mit dem/der Trauernden. Von der inneren Haltung des/der Trauerbegleiters*in hängt die Qualität der Beziehung zwischen Begleiter*in und Trauerndem*r ab, denn nur selbst empfundene Möglichkeiten zur Freiheit kann der/die Trauerbegleiter*in beim Trauernden wecken.

Textstelle 3:

Um wieder von sich weg zu kommen, das ist ja das Ziel das Endziel und darin erfüllt sich ja auch Trauerbegleitung. Das Ziel soll ja sein, dass der Mensch irgendwie von einer ihn zu bedrückenden Last erleichtert wird und ein Verhältnis zum Leben gewinnt, das es ihm möglich macht wieder irgendwie am Leben teilzunehmen. Wir dürfen da nicht so ganz feste Vorgaben haben, weil Menschen da sehr unterschiedlich sind. Und mag der Eine, der kann zum Beispiel auch Trauerarbeit ziemlich gut bewältigen und sich wieder ganz gut und fest im Leben integrieren während einem Anderen das vielleicht nicht so möglich ist, aber so ein seidener Faden oder mehrere seidene Fäden, das ist dann schon wichtig, dass die dann da sind. Aber da sind Menschen dann unterschiedlich. Es geht immer um diese Selbsttranszendenz und dieses Lebendigmachen für das Leben, das Wachmachen für das Leben, das wieder in Beziehung treten zum Leben und da wird's spannend. Und das war Frankl's Anliegen: der Mensch ist da, nicht einfach nur um das Leben auszusitzen, sondern am Leben teilzunehmen und natürlich in einer gewissen Qualität, das heißt er soll sein Menschsein erfüllen.

Paraphrasierung: Ziel der Trauerbegleitung ist die Ablösung aus dem totalen Selbstbezug und eine erneute Zuwendung zum Leben. Die konkrete Umsetzung darf nicht zu starr gedacht sein, um auf individuelle Bedürfnisse und Möglichkeiten Rücksicht nehmen zu können. Individuelle und unscheinbare Möglichkeiten müssen erkannt und genutzt werden. Der/Die Trauernde soll aus seinem/ihrem Selbstbezug gelockt werden. Selbsttranszendenz im Sinne von Offenheit und Teilnahme am Leben sind das Ziel.

Textstelle 4:

So und das das kann man jetzt auf die Trauerarbeit beziehen und da können wir ja gleich noch drauf zu sprechen kommen. Wie das jetzt im Konkreten dann immer umzusetzen ist, im Grunde muss man dann die Logotherapie eben auch…, da muss man Übersetzungsarbeit leisten. Diese Übersetzungsarbeit für die Trauerbegleitung steht noch aus. Die ist noch gar nicht geleistet. Also von dem philosophischen und psychologischen Grundgedanken der Logotherapie ausgehend dann in die konkrete Trauerarbeit, also die Anwendung in einer speziellen Situation des Lebens. Das hat auch viel mit Krisenbewältigung zu tun. Da ist ja Trauerarbeit, genau wie Psychotherapie mit psychotherapeutischen Themen sehr übereinstimmend und so weiter. Aber ganz besonders eben so mit der Wertfülle des Lebens und so etwas. **Paraphrasierung**: Die konkrete Umsetzung der Logotherapie in ein Konzept für die Trauerarbeit steht noch aus. Dieses Konzept hat neben Kriseninterventionsaspekte besonders den Bezug auf die Wertfülle des Lebens im Fokus.

Textstelle 5:

Das Leben kann nicht so strukturiert sein, dass es einfach manchmal Sinn hat oder dass es nur einen bedingten Sinn hat, sondern da hat er schon sehr radikal gedacht und dann hat er eben gesagt: Das Leben ist unter allen Bedingungen sinnvoll, bedingungslos sinnvoll. Und das heißt dann wieder, dass das Leben sinnvoll ist, trotz der tragischen Trias des Lebens. Damit meint er also tragische Trias, die Dreiheit, es gibt tragische Momente in jedem Leben. Also die Frage ist, gibt es Sinn trotz Schulderfahrung? Gibt es Sinn trotz Leiderfahrungen? Und gibt es Sinn trotz der grundsätzlichen Erfahrung der Vergänglichkeit, des Todesbewusstseins? Und auf all diese Fragen hat er Antworten gegeben. Es sind auch seine Antworten gewesen, aber seine Antworten waren auch im Dialog mit der Fachwissenschaft und der Philosophie und so weiter. Und insofern ist das eine spannende Psychologie und die konkrete Wirkung zunächst einmal für Trauerbegleiter ist die, was ich auch reflektiert bekommen habe, dass sie ganz glücklich sind auf einmal für Phänomene eine Sprache gefunden zu haben: Also Dinge einordnen zu können: Das was sie vielleicht vorher alles schon gefühlt haben, aber jetzt haben sie eine Sprache, eine Sprache, die die Ganzheitlichkeit des Menschen anspricht. Und das ist was Spannendes. Und daran erkennen Menschen sich wieder und daran begeistern sie sich auch. Nicht so diejenigen, die sehr methodenorientiert sind und diesen Sinn dafür nicht haben, das ist ja immer eine bestimmte Kategorie von Menschen.

Paraphrasierung: Das Leben ist bedingungslos sinnvoll. Dies gilt auch trotz der tragischen Trias: Das Leben hat: Sinn trotz Schulderfahrung, Sinn trotz Leiderfahrung, Sinn angesichts der Vergänglichkeit des Lebens. Diese Erkenntnis teilte er mit der Fachwissenschaft seiner Zeit. Die Versprachlichung dieser Gedanken und ihre Verbreitung gibt Trauerbegleiter*innen Ausdrucksmöglichkeiten für bereits erlebte Phänomene. Menschen, die für diese Art des philosophischen Denkens empfänglich sind, lassen sich davon berühren. Andere Menschen spricht das nicht an, sie brauchen eher praktische Methoden.

Textstelle 6:

Trauer braucht Zeit. Wie lange dauern Trauerprozesse? Ja, man sagt so ein Jahr, das ist so eine gesellschaftliche Vereinbarung, ja auch eine Erfahrung, wo nach einem Jahr man alles das erste Mal neu erlebt hat und auch als Verlust wieder neu erlebt und dann kehrt doch in der Regel zumindest so eine Funktionsfähigkeit wieder ein. Und die sollte ja auch schon eher eintreten. Ja aber Trauer ist ja auch ein Phänomen: Der Mensch einmal ein Trauernder bleibt eigentlich immer ein Trauernder, weil die Trauer auch das Wissen um etwas Verlorenes, Kostbares ist. Dieses Wissen geht nicht verloren, soll es auch gar nicht, weil natürlich die psychische Verarbeitung, das heißt wie stark meine Emotionen dann ansprechen, das ist schon dann Aufgabe daran zu arbeiten. Also das man im Grunde die Selbstregulationsfähigkeit, die sollte sich schon etwas verbessern mit der Zeit. Und wenn das nicht gut gelingt dann bleibt jemand halt darin hängen, mit all den Negativaspekten. **Paraphrasierung**: Trauer braucht Zeit. Gesellschaftlich anerkannt und vielfach praktisch bestätigt brauchen Trauerprozesse ein Jahr. Nach einem Jahr tritt eine Funktionsfähigkeit wieder ein, vielfach auch schon früher. Im engeren Verständnis bleibt ein/eine Trauernde/r jedoch immer trauernd, da die Verlusterfahrung und die Erinnerung an etwas vergangenes Kostbares integriert werden. Der Umgang mit Emotionen der Trauer muss erarbeitet werden. Darüber sollte sich die Selbstregulationsfähigkeit verbessern. Gelingt dies nicht, kommt es zum Erstarren in der Trauer.

Textstelle 7:

Also wie komm ich zu einer Akzeptanz? Vverlangen und erzwingen kann man sie nicht oder einfordern. Also da geht es um die ganz große Güte oder das was Erhard Weiher sagt, ein Mainzer Seelsorger, er sagte: Manchmal ist es einfach so, dass der Sinn der Begleitung, zum Beispiel der Trauerbegleitung, dann einfach darin besteht, dass man Zeuge des Leidensprozesses des Anderen wird. Es ist ein Irrtum, dass wir meinen, dass wir alles reparieren können, dass wir alles wieder gut machen können. Wir müssen manchmal mit sehr schweren Verletzungen einfach auch leben und leben lernen. Man kann's auch beschreiben mit irgendwie leben lernen, es gibt gar keine klare Methode dafür. Es muss dann irgendwie und aus irgendwelchen Kräften unter irgendwelchen Bedingungen mit Zuhilfenahme irgendwelcher Unterstützung irgendwie gelingen. Aber das wäre natürlich nach wie vor ein Anspruch. Aber was ist das für ein Anspruch? Aber was ist das für ein Weg? Klar? Und dennoch: Vielleicht hat man Glück und jemand klickt da ein. Und Frankl konnte ja immer aus einer sehr großen Überzeugung heraus wirken, aus seiner Autorität heraus, weil er ja jemand war, der dasselbe alles durchlitten hat. Und da helfen ja manchmal auch Selbsthilfegruppen, wenn die sich dahingehend unterstützen, dass der Eine das besser bewältigt als der Andere und dem Einen Hilfe anbieten kann oder ein positives Vorbild. Ja, aber das ist auch klar, in der Trauerarbeit, in der Trauerbegleitung, kommen wir an Grenzerfahrungen. Das ist nicht nur der Bereich des Machbaren.

Paraphrasierung: Wie wird eine Akzeptanz der Trauer erreicht? Manchmal ist der Sinn einer Begleitung lediglich, dass man Zeuge*in des Leidensprozesses des/der Anderen ist. Nicht alles Leid ist heilbar. Es gibt schwere Leidenserfahrungen, die in das Leben integriert werden müssen, ohne sie heilen zu können. Die konkrete Hilfestellung kann dazu nicht allgemeingültig formuliert werden. Selbsthilfeformate können hilfreich sein. Und dennoch gibt es in der Trauerarbeit Grenzerfahrungen und Begleitungsbedarfe, die außerhalb des Machbaren liegen.

Textstelle 8:

Das ist so ein Appell, also das sich Auseinandersetzen-Wollen und das ist ja auch Trauer, eine Erfahrung die zwingt uns nahezu zu einer Auseinandersetzung im Leben. Da hört das Weglaufen auf. Das ist nicht angenehm. Das ist vielleicht auch die Erfahrung der reifen Lebensjahre. Ich kann mich sehr gut erinnern, am Anfang meiner Hospizzeit, wenn ich Vorträge hielt, über Tod und Trauer sprach, dann hatte das durchaus, ja würde ich mal im Nachhinein flapsig sagen so 'n romantischen Aspekt, wie schön das Sterben sein kann. Und heute, 17 Jahre später mit mehr Lebenserfahrung, mit mehr Blick auf auch nüchterne Realität des Lebens, da sieht man Dinge auch schmerzlich anders. Damals habe ich mich besser gefühlt, aber heute fühle ich mich, es fühlt sich auf jeden Fall natürlicher, es fühlt sich wahrhaftiger an, sozusagen nicht besser, im Sinne von einem guten Gefühl, aber es fühlt sich sozusagen wahrhaftiger an. Aber das ist der Preis und da, ja, das macht Trauerarbeit auch aus. Es ist immer die Frage, wie weit will sich einer einlassen auf etwas, und all diese kleinen Impulse, die kann man ja auch entlang des Weges, wenn sie sich anbieten dann eben auch mal so fallenlassen, wenn es sich anbietet. Man ist nämlich immer der Begleiter des Trauernden und man ist kein Psychotherapeut, das muss man sehr unterscheiden. Aber, das soll einen doch nicht davon abhalten gute Kenntnisse über das Leben zu erhalten und auch einen reflektierten Erfahrungsschatz vom Leben zu erhalten.

Paraphrasierung: Trauer zwingt zur Auseinandersetzung mit dem eigenen Leben. Persönliche Reife spielt in dieser Auseinandersetzung eine Rolle. Das Anerkennen der Endlichkeit, Leid und Schuld verändert die eigene Sicht und das oft auch schmerzlich. Die Auseinandersetzung damit führt zu einem authentischen Lebensbezug. Auf diese Auseinandersetzung muss man sich einlassen wollen. Impulse von außen können dabei hilfreich sein. Trauerbegleiter*innen haben keinen therapeutischen Auftrag und auch keine Zulassung dafür. Und dennoch kann ein/eine Trauerbegleiter*in eine lebenskluge Begleitung anbieten.

Textstelle 9:
Der Trauernde braucht, bevor er Methoden braucht, braucht er ein verstehendes Gegenüber. Und darin kann er sich spiegeln, weil sein eigener Seelenraum, der kann dunkel geworden sein oder auch eng geworden sein und nicht verstehend geworden sein. Er versteht sich selber nicht mehr in seiner Trauer. Und wenn dann ein Begleiter da ist, der selber ein verstehender Mensch ist, dann braucht der wiederum nicht zu dozieren, aber das spürt man an der Reaktion wie der Begleiter etwas auch aufnimmt, vom Trauernden selbst, da findet das eine Resonanz im Begleiter. Ja, das einmal und diese Auseinandersetzung mit der Frage nach dem Sinn des Lebens, die ja im Angesicht des Todes sehr nahbar wird.
Paraphrasierung: Der/Die Trauernde braucht ein verstehendes Gegenüber. Seine/Ihre eigenen Fragen und die Wahrnehmung des völligen Selbstbezugs kann er/sie mit dessen Hilfe spiegeln und aufbrechen. Der/Die Trauerbegleiter*in wirkt als Resonanzkörper des/der Trauernden. Im Verstehen des/der Trauernden liegt die besondere Qualität dieser Begegnung. So wird die Auseinandersetzung mit dem eigenen Leid und den eigenen Sinnfragen möglich.

Schritt 3: Im Folgenden werden die Inhalte der Paraphrasierungen generalisiert, um ein einheitliches Abstraktionsniveau zu erreichen. Die konkrete Umsetzung erfolgte hier mittels einer Tabelle.[3] An dieser Stelle werden hier nur die erarbeiteten Generalisierungen aufgenommen.

Textstelle 1:
Die Logotherapie bietet philosophische Grundlagen für die Trauerbegleitung und sollte verbreitet werden.

---

[3] Von der Veröffentlichung der Tabelle wurde abgesehen.

Textstelle 2:

Trauer wirft das Subjekt zunächst auf sich selbst zurück.

Der Zugang zum/zur Trauernden ist in dieser Phase erschwert.

Der/Die Trauerbegleiter*in wahrt den Weltbezug stellvertretend für den/die Trauernde*n.

Der/Die Trauerbegleiter*in wird über seine/ihre Haltung damit selbst zur heilenden Kraft.

Fehlt dem/der Trauerbegleiter*in dieser Bezug, wird seine Begleitung zur bloßen Bestätigung des Leids.

Textstelle 3:

Ziel der Trauerbegleitung ist eine Neuausrichtung auf das Leben.

Konzepte dürfen dabei nicht zu starr sein, um individuelle Bedürfnisse und Möglichkeiten aufnehmen zu können.

Textstelle 4:

Konkrete logotherapeutische Konzepte für die Trauerbegleitung stehen noch aus.

Krisenintervention und Bezug auf die Wertfülle des Lebens sind zentrale Aspekte der zu erarbeitenden Konzepte.

Textstelle 5:

Das Leben ist bedingungslos sinnvoll.

Das gilt auch angesichts der tragischen Trias von Leid, Schuld und der Endlichkeit des Lebens. Logotherapie/Existenzanalyse versprachlichen diese Erkenntnisse und bieten darüber auch Trauerbegleitern eine adäquate Ausdrucksmöglichkeit bereits erfahrener Phänomene.

Textstelle 6:

Trauer braucht Zeit.

Gesellschaftliche Konvention und Erfahrung misst Trauer ein Jahr zu.

Nach Ablauf des Trauerjahres und möglichst schon vorher tritt eine Funktionsfähigkeit wieder ein.

Im eigentlichen Sinn bleibt der/die Trauernde aber Trauernde*r, da er/sie die Verlusterfahrung und die positive Erinnerung in sein/ihr Leben integrieren muss und so dauerhaft erhält.

Ein Ausbleiben der Verbesserung der Selbstregulationsfähigkeit führt zum Erstarren in der Trauer.

Textstelle 7:
Trauerbegleitung kann sich auch auf Zeugenschaft des Leidensprozesses beschränken.

Nicht jedes Leiden ist heilbar. Es gibt Bedarfe die außerhalb des Machbaren liegen.

Textstelle 8:
Trauer zwingt zur Auseinandersetzung mit dem eigenen Leben, Leid, Schuld und eigener Endlichkeit.

Diese Auseinandersetzung kann schmerzhaft sein.

Aus dieser Auseinandersetzung resultiert ein authentischer Lebensbezug.

Impulse von außen können diesen Prozess unterstützen.

Trauerbegleitung ist keine Therapie.

Trauerbegleiter*innen können lebenskluge Begleitung anbieten.

Textstelle 9:
Der/Die Trauernde braucht ein verstehendes Gegenüber.

Der/Die Trauerbegleiter*in wird zum Resonanzkörper des/der Trauernden.

Die Qualität der Begegnung bestimmt das Potential dieser Begleitung für den Trauerprozess.

Schritt 4: In diesem Schritt erfolgt die Streichung von sowohl mehrfach inhaltlich aufgenommenen Generalisierungen, als auch von Generalisierungen, die nicht als wesentlich inhaltstragend angesehen werden können. Durch Rückbezug auf die beiden Hauptfragestellungen für die Auswertung des Interviews erfolgte die Selektion. Es verbleiben folgende Generalisierungen:

- Die Logotherapie bietet philosophische Grundlagen für die Trauerbegleitung und sollte verbreitet werden.

- Der/Die Trauerbegleiter*in wahrt den Weltbezug stellvertretend für den/die Trauernde*n.
- Der/Die Trauerbegleiter*in wird über seine Haltung damit selbst zur heilenden Kraft.
- Ziel der Trauerbegleitung ist eine Neuausrichtung auf das Leben.
- Konzepte dürfen dabei nicht zu starr sein, um individuelle Bedürfnisse und Möglichkeiten aufnehmen zu können.
- Konkrete logotherapeutische Konzepte für die Trauerbegleitung stehen noch aus.
- Krisenintervention und Bezug auf die Wertfülle des Lebens sind zentrale Aspekte der zu erarbeitenden Konzepte.
- Das Leben ist bedingungslos sinnvoll.
- Das gilt auch angesichts der tragischen Trias von Leid, Schuld und der Endlichkeit des Lebens.
- Logotherapie/Existenzanalyse versprachlichen diese Erkenntnisse und bieten darüber auch Trauerbegleiter*innen eine adäquate Ausdrucksmöglichkeit bereits erfahrener Phänomene.
- Trauerbegleitung kann sich auch auf Zeugenschaft des Leidensprozesses beschränken.
- Trauer zwingt zur Auseinandersetzung mit dem eigenen Leben, Leid, Schuld und eigener Endlichkeit.
- Aus dieser Auseinandersetzung resultiert ein authentischer Lebensbezug.
- Trauerbegleiter*innen können lebenskluge Begleitung anbieten.
- Der/Die Trauernde braucht ein verstehendes Gegenüber.
- Die Qualität der Begegnung bestimmt das Potential dieser Begleitung für den Trauerprozess.

Schritt 5: An dieser Stelle erfolgt keine weitere Reduktion

Schritt 6: Unter Einbeziehung der beiden Hauptfragestellungen lassen sich die Reduktionen in folgendes Kategoriensystem zuordnen:

1. Kategorie: Philosophische Grundlagen der Logotherapie/Existenzanalyse für die professionelle Trauerbegleitung

- Die Logotherapie bietet philosophische Grundlagen für die Trauerbegleitung und sollte verbreitet werden.
- Logotherapie/Existenzanalyse als Ausdrucksmittel der komplexen philosophischen Grundlage
- Das Leben ist bedingungslos sinnvoll, auch angesichts der tragischen Trias.
- Ziel der Trauerbegleitung ist eine Neuausrichtung auf das Leben.
  - Der/Die Trauerbegleiter*in wahrt den Weltbezug stellvertretend für den/die Trauernde*n.
  - Der/Die Trauerbegleiter*in wird über seine/ihre Haltung damit selbst zur heilenden Kraft.
- Trauerbegleitung kann sich auch auf Zeugenschaft des Leidensprozesses beschränken.
- Trauer zwingt zur Auseinandersetzung mit dem eigenen Leben, Leid, Schuld und eigener Endlichkeit.
  - Aus dieser Auseinandersetzung resultiert ein authentischer Lebensbezug.

2. Kategorie: Konkrete Umsetzung der logotherapeutischen/existenzanalytischen Trauerbegleitung
- Konkrete logotherapeutische Konzepte für die Trauerbegleitung stehen noch aus.
- Wichtig für die konkrete Umsetzung sind:
  - Krisenintervention und Bezug auf die Wertfülle des Lebens
  - Konzepte dürfen dabei nicht zu starr sein, um individuelle Bedürfnisse und Möglichkeiten aufnehmen zu können.
  - Der Trauernde braucht ein verstehendes Gegenüber.
  - Die Qualität der Begegnung bestimmt das Potential dieser Begleitung für den Trauerprozess.

Schritt 7: Unter erneuter Durchsicht der ausgewählten Textausschnitte erfolgte eine Rücküberprüfung des Kategoriensystems.

5.2.2 Ergebnisdiskussion

Durch die zusammenfassende Inhaltsanalyse wurden zwei Kategorien im Hinblick auf die beiden unter 5.3.1 herausgestellten Hauptfragestellungen erarbeitet. Diese sollen im Folgenden inhaltlich dargestellt und bewertet werden.

Im Hinblick auf die Fragestellung, welche philosophische Grundlagen die Logotherapie/Existenzanalyse für die professionelle Trauerbegleitung zu bieten hat, lassen sich in der Kategorie „Philosophische Grundlagen der Logotherapie/Existenzanalyse für die professionelle Trauerbegleitung" vermehrt positive Bestärkungen für die Einsetzbarkeit der Logotherapie/ Existenzanalyse in der professionellen Trauerbegleitung finden. So wird die grundsätzliche Passung betont und deren Nutzung proklamiert. In der Ausformulierung des philosophischen Hintergrundes, den Frankl in der Existenzanalyse verschriftlichte, sind Ausdrucksmöglichkeiten für komplexe Zusammenhänge geschaffen worden, die in der praktischen Umsetzung genutzt werden können. Der Existenzanalyse liegt das Verständnis einer bedingungslosen Sinnhaftigkeit zugrunde. Für die Trauerbegleitung bedeutet das auch Begleitungspotentiale in Erfahrungen von Schuld, Leid und eigener Endlichkeit. Theoretische Grenzen der logotherapeutischen/ existenzanalytischen Begleitung sind damit nicht gegeben. In der praktischen Akzeptanz des bedingungslosen Sinns können jedoch diese Grenzen, zumindest temporär, gesehen werden. Das praktische Ziel der logotherapeutisch/existenzanalytischen Trauerbegleitung liegt in der Neuausrichtung des/der Trauernden auf das Leben. Da er/sie in seiner/ihrer Selbstbezüglichkeit diese Selbsttranszendenz nicht wahrnehmen und gestalten kann, nimmt der/die Trauerbegleiter*in zunächst stellvertretend diesen Weltbezug auf und hat damit eine Art Brückenfunktion für den/die Trauernde*n. Die eigene Haltung des/der Trauerbegleiters*in transportiert dabei die Ausrichtung auf den bedingungslosen Sinn des Lebens und lässt dadurch ihn/sie selbst zur heilenden Kraft werden. Durch Trauererfahrungen wird der/die Trauernde zur Auseinandersetzung mit Schuld, Leid und Endlichkeit gezwungen und erarbeitet sich so einen authentischen Lebensbezug. Die Inhalte dieser Ergebnisse decken sich mit den im Theorieteil dieser Studie beschriebenen Grundkonzepten der Logotherapie. Die inhaltlichen Voraussetzungen für eine praktische Anwendbarkeit in diesem Bereich lassen sich demnach mit dem geführten Interview folgerichtig bejahen.

In Bezug auf die Fragestellung, welche Aspekte in der Konzeption einer logotherapeutisch/existenzanalytischen Trauerbegleitung enthalten sein sollen, hat die Kategorie „Konkrete Umsetzung der logotherapeutischen/ existenzanalytischen Trauerbegleitung" zunächst auf die noch ausstehende Konzeption einer solchen Trauerbegleitung hingewiesen. Für diese benennt sie dann mehrere Aspekte: Die akute Krisenintervention wird dabei in der Narration des Interviews in Einheit mit dem Bezug auf die Wertfülle des Lebens genannt. Wichtig für die Konzeption einer logotherapeutisch/ existenzanalytischen Trauerarbeit ist außerdem, dass individuelle Bedürfnisse und Möglichkeiten der Trauernden berücksichtigt werden können. Die sehr individuellen Trauerreaktionen Trauernder bedürfen dieser Flexibilität, um ein Angebot zu schaffen, das sich an den Bedürfnissen der Trauernden orientiert und nicht umgekehrt. Wichtigstes methodisches Element ist der/die Trauerbegleiter*in selbst, denn in der Qualität der Beziehung bestimmt sich das Potential der Begleitung. In einem verstehenden Gegenüber erfüllt sich das Bedürfnis des/der Trauernden nach Verständnis und stellvertretender Rückorientierung in das Leben. Das setzt voraus, dass in der Ausbildung logotherapeutisch/existenzanalytisch ausgerichtete*r Trauerbegleiter*in eine eigene Auseinandersetzung mit und eine Annahme der Grundkonzepte der Logotherapie erfolgt. Konkrete Methoden innerhalb der Trauerbegleitung können vielfältig entwickelt werden, entscheidend ist der Rückbezug auf die philosophische Grundhaltung der Logotherapie/Existenzanalyse darin.

5.2.3 Reflexion der Gütekriterien

Für den beschriebenen Forschungsprozess soll nun die unter 5.1.3 beschrieben **Reflexion der Gütekriterien** von Mayring erfolgen.

1. Verfahrensdokumentation

Im beschriebenen Forschungsprozess wurde das Vorverständnis der Forscherin unter 5.2.3 expliziert. Die Auswahl der Analyseinstrumente

wurde dargestellt und deren Anwendung mittels Ablaufschemata umgesetzt. Die Durchführung und Auswertung wurde intersubjektiv nachvollziehbar dokumentiert.

2. **Argumentative Interpretationsabsicherung**

   Die argumentative Begründung der Interpretationen wurde durch Anbindung an die Narrationen des Experten und den Theorieansatz ab-
   gesichert.

3. **Regelgeleitetheit**

   Der Forschungsprozess wurde eng an den von Mayring entwickelten
   Ablaufschemata geführt.

4. **Gegenstandangemessenheit**

   Trauerbegleitung ist ein noch wenig beforschter Bereich der psychoso-
   zialen Begleitung. Das breite Angebot, die Nachfrage durch Betroffene
   und das Interesse an nicht zuletzt auch staatlicher Förderung dieses
   Bereichs legitimieren eine Beforschung.

5. **Kommunikative Validierung**

   Eine kommunikative Validierung der Ergebnisse mit dem Beforschten
   ist nicht erfolgt.

6. **Triangulation**

   Die in dieser Studie dargestellten Möglichkeiten und Grenzen der Logotherapie und Existenzanalyse für die professionelle Trauerbegleitung wurden über drei unterschiedliche Zugänge herausgearbeitet:
   Durch Theorieansätze, durch Praxisbeispiele und durch das Experteninterview. Eingebunden wurden außerdem die Ergebnisse einer quantitativen Studie zur Wirksamkeit von Trauerbegleitung.

5.2.4 Reflexion der Methodenwahl

„Entscheidendes Merkmal qualitativer Forschung ist ..., dass die vorhandenen Erwartungen und theoretischen Überzeugungen nach Möglichkeit offenen Charakter
haben sollen- Sie sollen - idealiter - in einem steten Austauschprozess zwischen
qualitativ erhobenem Material und zunächst noch wenig bestimmtem theoretischen Vorverständnis präzisiert, modifiziert und revidiert werden." (Hopf/Weingar-
ten 1979, S.15)

Mein Ausgangsverständnis in Bezug auf die von mir anzustellende qualitative Forschung nahm die o.a. Offenheit für eine anzustrebende Präzisierung,

Modifizierung und Revidierung meiner bereits gewonnen theoretischen Vorannahmen zur Logotherapie und Existenzanalyse anhand des erhobenen
Materials auf. Das Experteninterview schien mir in diesem Kontext die passende Erhebungsmethode zu sein, um meinem Interesse nach einer Auseinandersetzung mit der Logotherapie und Existenzanalyse Frankls im Hinblick auf ihre Möglichkeiten und Grenzen für die Trauerbegleitung. Durch die
theoretische Auseinandersetzung mit den anthropologischen Grundgedanken in der von Frankl beschriebenen Existenzanalyse und der daraus von
ihm entwickelten Logotherapie bin ich zu Erkenntnissen gelangt, die mich
Vorannahmen in Bezug auf deren Einsatz in der professionellen Trauerbegleitung treffen ließen. Es schien mir schlüssig diese Vorannahmen an das
mithilfe eines Experteninterviews gewonnene Material anzulegen.

Wenn Meuser und Nagel darauf hinweisen, dass im Experteninterview das
Interesse den Experten als Funktionsträger und den damit verknüpften Zu-
ständigkeiten, Aufgaben und Tätigkeiten gilt (vgl. Meuser und Nagel, S. 444),
dann ist an dieser Stelle auch darauf hinzuweisen, dass das Interesse an
dem angefragten Experten seinen fundierten Kenntnissen der Logotherapie
und der professionellen Trauerbegleitung galt. Seine institutionellen Zustän-
digkeiten, Aufgaben und Tätigkeiten spielten dabei keine Rolle. Nach Meuser und Nagel ist dem geführten Experteninterview in der Konsequenz aus
obiger Überlegung eher eine Randstellung im vorliegenden Forschungsdes-
ign zuzuordnen (vgl. Meuser und Nagel, S. 445), da es hier lediglich um das
Gewinnen weiterer Informationen in Bezug auf die theoretischen Möglichkeiten und Grenzen der Logotherapie für die professionelle Trauerbegleitung
ging und nicht darum, den Experten mit seinen Erfahrungen und Kenntnissen
aus der Tätigkeit im Berufsfeld in den Mittelpunkt zu stellen.

Andere Forschungsdesigns wären denkbar, die die praktische Umsetzbarkeit
des logotherapeutischen Ansatzes in der professionellen Trauerbegleitung
untersuchen könnten: Teilnehmende Beobachtungen (in Trauergruppen, die
nach den Ansätzen der Logotherapie geführt werden), Experteninterviews
(mit Gruppenleitenden) und Gruppendiskussionen (mit Gruppenteilneh-
mern) könnten dabei Möglichkeiten bieten, die Erfahrungswelt Betroffener in
Bezug auf den Forschungsgegenstand aufzugreifen und so zu Ergebnissen
zu kommen, die Aussagen über die praktischen Einsatzmöglichkeiten und

ihren Resultaten zulassen. Da die konzeptionelle Umsetzung aber noch aussteht, dürfte aktuell eine Beforschung der Anwendung noch nicht oder nur ansatzweise realisierbar sein.

Zum konkreten Vorgehen in der Auswertung lässt sich anmerken, dass dieses eng am allgemeinen inhaltsanalytischen Ablaufmodell von Mayring geführt wurde, um meiner methodischen Unsicherheit in der Auswertung zu begegnen. Eine Forschungswerkstatt, die eine konsensuale Interpretation ermöglicht hätte, wäre hilfreich gewesen.

6 Fazit

Unter dem Titel dieser Studie sollten die Möglichkeiten und Grenzen der Logotherapie und Existenzanalyse für die professionelle Trauerbegleitung betrachtet werden. Die in diesem Titel indizierte Fragestellung, ob es Möglichkeiten und Grenzen in dieser Konstellation gäbe, kann abschließend klar mit Ja beantwortet werden. Dabei bilden die Möglichkeiten in Bezug auf die Grenzen ein Paradoxon, da die Grenzen durch die Möglichkeiten geschaffen werden. Diesen Gedanken möchte ich kurz ausführen: Die Möglichkeiten der Logotherapie für die professionelle Trauerbegleitung liegen in ihrer Philosophie des bedingungslos sinnvollen Lebens und der Freiheit die Verantwortung dafür anzunehmen. Wenn diese Philosophie aber nicht aufgenommen wird, letztlich egal, ob aus Verweigerung oder Schwierigkeiten im kognitiven Zugang, sind damit auch die Grenzen der Logotherapie erreicht. Eine Offenheit für spirituell/transzendentes Denken ist nötig, um die Philosophie der Existenzanalyse annehmen zu können, andernfalls liegen hier die Grenzen. Differenzierter sind da die Ergebnisse im Hinblick auf die Möglichkeiten zu betrachten. Die zitierte quantitative Forschung hat die signifikante Wirksamkeit von Trauerbegleitung unter bestimmten Voraussetzungen belegen können. In dieser Hinsicht ist eine weitere Beforschung von Trauerbegleitung angezeigt, um über die Anerkennung der Trauerbegleitung und die Aufnahme der Trauerstörung in die Diagnoserichtlinien ICD und DSM zukünftig eine schnellere und finanziell abgesicherte Versorgung Betroffener implementieren zu können. Die im Theorieteil aufgeführten lediglich systematisch orientierten Trauerprozessmodelle stellen, wie beschrieben, in den meisten Trauerbegleitungsangeboten aktuell noch immer die theoretische Grundlage dar. Einigkeit besteht hier über einen prozessualen Trauerverlauf, der je nach Modell in Phasen oder Aufgaben eingeteilt wird, in der Konsequenz aber in allen Modellen auf eine Neuausrichtung im/zum Leben gipfelt. Woher aber die Energie/der Impuls für diese Neuausrichtung kommt, bleibt unerwähnt. Eine Verknüpfung der Erkenntnisse aus diesen Trauerprozessmodellen mit einer existenzanalytischen Philosophie würde eine holistische Basis für Trauerbegleitung schaffen. Die existenzanalytischen Grundsatzüberlegungen über den bedingungslosen Sinn setzen das Endziel der Phasenmodelle in der Trauerbegleitung somit an den Anfang. Sowohl in den Grundkonzepten der Logotherapie, in den Beispielen für Logotherapie in der Trauerarbeit, als auch in der Reflexion der Ergebnisse aus dem Experteninterview, sind diese Möglichkeiten herausgearbeitet worden. In der logotherapeutisch/existenzanalytisch indizierten Trauerbegleitung realisiert der/die Trauerbegleiter*in diesen Bezug zum Leben in Vertretung für den/die Trauernde*n. Die unter der Ergebnisreflexion gebrauchte Formulierung der Brücke zwischen dem/der Trauerndem und dem aktuell nicht realisierbaren bedingungslosen Sinn des Lebens drückt diese Verbindung ins Leben schaffende Aufgabe aus. In der Philosophie des bedingungslosen Sinnes des Lebens stecken Begleitungspotentiale für alle Trauersituationen. Das macht die Logotherapie zu einem universell einsetzbaren Ansatz in der Trauerbegleitung. Dabei geht die methodische Wirksamkeit von der Person des/der Trauerbegleiters*in aus. Ein verstehendes Gegenüber, das einen stellvertretenden Rückbezug ins Leben hält, erfüllt die existenziellen Bedürfnisse des/der Trauernden und unterstützt eine Besinnung auf den eigenen Lebensbezug.

In der Reflexion der Interviewergebnisse wurde außerdem die Forderung nach einer Konzeption, die die individuellen Bedürfnisse und Möglichkeiten der Trauernden aufnimmt, festgehalten. An dieser Stelle lohnt sich die Differenzierung zwischen philosophischem Konzept und methodischem Konzept. Das philosophische Konzept der Logotherapie beinhaltet diese Offenheit. So ist in den Grundkonzepten der Logotherapie in diesem Zusammenhang hingewiesen worden auf den stets individuell nach Person und Situation zu erkennenden Lebenssinn. Im methodischen Konzept würde dahingegen eine Festlegung auf konkrete Methoden, die die Ansätze der Logotherapie transportieren sollen, vorgenommen, z.B. die im Interview vorgestellte Logo-Art als methodischer Zugang in der konkreten Gruppenstunde. Diese Art der Konzeption würde keine Offenheit bieten und in der Konsequenz vermutlich eher exkludierend wirken.

Eine konzeptionelle Verschriftlichung der logotherapeutisch/ existenzanalytischen Philosophie im Fokus auf professionelle Trauerbegleitung scheint mir daher gewinnbringend für die Arbeit der professionellen Trauerbegleitung. In den logotherapeutischen Lehrbüchern lassen sich diesbezüglich Ansätze finden, die jedoch der therapeutischen Anwendung gewidmet sind. Eine explizite Darstellung für den Arbeitsbereich der professionellen Trauerbegleitung wäre deshalb wünschenswert.

Die folgenden herausgearbeiteten explizit logotherapeutischen Punkte sollten darin Aufnahme finden:

Die Dankbarkeit für das Erlebte, verbunden mit der tröstenden Gewissheit, dass nichts und niemand diese gesicherte Liebe nehmen oder zerstören kann.

Ein verstehendes Gegenüber, das in seiner eigenen Ausrichtung auf einen bedingungslosen Sinn des Lebens, dem/der Trauernden stellvertretend eine Anbindung an den Sinn lebendig hält und ihn in der eigenen Neuausrichtung unterstützt.

Der bedingungslose Sinn des Lebens.

Die Freiheit diesen bedingungslosen Sinn anzuerkennen und aus dieser Freiheit Verantwortung für das eigene Leben zu übernehmen.

Die aktuelle Situation und aus ihr resultierende Aufgaben erkennen und deren Bearbeitung realisieren.

Die zu erarbeitenden Konzepte dürfen nicht zu starr sein, um die individuellen Bedürfnisse und Möglichkeiten der Trauernden aufnehmen zu können.

Allgemeine Anforderungen an Begleitungsangebote müssen selbstverständlich auch aufgenommen werden, wie z.B. eine geschützte Atmosphäre, in der der/die Trauernde sich anvertrauen kann, aufmerksames Zuhören, ausreden lassen, etc.

In dem empirischen Teil sehe ich die Schwäche der vorliegenden Studie. Mangels methodischer Kenntnisse war das Vorgehen sowohl in der Auswahl der Methode sowie der Darstellung und Auswertung von Unsicherheiten geprägt. Die Auswahl der analysierten Textstellen erfolgte über die explizite Benennung des Themas der Trauerbegleitung. Aber auch an anderen Textstellen hätten sich inhaltlich relevante Beiträge für die Forschungsfrage finden lassen. Eine Forschungswerkstatt, die den gesamten Prozess unterstützt hätte, wäre sinnvoll gewesen.

Die Grundkonzepte der Logotherapie und Existenzanalyse werden auch zukünftig in vielen Bezügen Thema sein, wenn auch nicht explizit als logotherapeutische Themen benannt. Die gesellschaftspolitische Diskussion um die aktive und passive Sterbehilfe ist hier nur ein Beispiel.

Für die Trauerbegleitung wird die Sinnfrage des Lebens, abgelöst von diesen gesellschaftlichen Diskussionen, stets ein individuelles Thema sein. Eine phänomenologische Beforschung, die dieser Individualität Rechnung trägt, wäre deshalb wünschenswert.

Um die konzeptionelle Entwicklung und Umsetzung logotherapeutischer Settings in der professionellen Trauerbegleitung unterstützen zu können, wäre die Beforschung durch Praxisentwicklungsforschung sinnvoll. In der dabei intendierten Triangulation aus Praxisgestaltung, Innovation und Erkenntnis, würde eine Prozessbegleitung möglich sein, die in der Verknüpfung von Praxis und Forschung alle wesentlichen Aspekte aufnehmen könnte. Es wäre wünschenswert, dass die professionelle Trauerbegleitung über den Zugang der Logotherapie/Existenzanalyse ein holistisches Modell ins Zentrum ihrer Arbeit stellt, das die Trauernden mit ihren existentiellen Fragen über den Sinn ihres Lebens und Leidens nicht alleine lässt.

7 Literaturverzeichnis

Böschemeyer, Uwe (2001): Arbeit mit Trauernden. Logotherapie in der Praxis. In: Existenz und Logos: Zeitschrift für sinnzentrierte Therapie, Beratung, Bildung 9 (2), S. 109–119.

Bundesverband Trauerbegleitung e.v. (BVT) (2017): Qualitätsstandards. Standards in der Trauerbegleiterqualifikation. Online verfügbar unter http://bv-trauerbegleitung.de/standards/qualitaetsstandards/, zuletzt geprüft am 09.06.2017.

Frankl, Viktor E. (2007): Ärztliche Seelsorge. Grundlagen der Logotherapie und Existenzanalyse ; mit den "Zehn Thesen über die Person". Ungekürzte Ausg., 9. Aufl. München: Dt. Taschenbuch-Verl. (dtv, 34427).

Frankl, Viktor E. (2015a): Grundkonzepte der Logotherapie. Unter Mitarbeit von Franz Vesely. Wien: Facultas.

Frankl, Viktor E. (2015b): Was nicht in meinen Büchern steht. Lebenserinnerungen. 7. Auflage. Weinheim, Basel: Beltz (Beltz-Taschenb., 757).

Frankl, Viktor E.; Weigel, Hans (2016): ... trotzdem Ja zum Leben sagen. Ein Psychologe erlebt das Konzentrationslager. Neuausgabe 2009, 8. Auflage 2016. München: Kösel.

Kruse, Jan (2014): Qualitative Interviewforschung. Ein integrativer Ansatz. 1. Aufl., neue Ausg. Weinheim, Bergstr: Beltz Juventa (Grundlagentexte Methoden).

Kübler-Ross, Elisabeth (2013): Interviews mit Sterbenden. 5. Aufl. Freiburg, Br.: Kreuz.

Lamnek, Siegfried (2005): Qualitative Sozialforschung. Lehrbuch. 4., vollst. überarb. Aufl.,. Weinheim: Beltz; Beltz PVU (Grdlg. Psychologie).

Langenmayr, Arnold (2013): Einführung in die Trauerbegleitung. Göttingen: Vandenhoeck & Ruprecht.

Längle, Alfried (2001): Viktor Frankl. Ein Porträt. Ungekürzte Taschenbuchausg. München, Zürich: Piper (Serie Piper, 3248).

Lukas, Elisabeth; Schönfeld, Heidi (Hg.) (2016): Sinnzentrierte Psychotherapie. Die Logotherapie von Viktor E. Frankl in Theorie und Praxis (Edition Logotherapie).

Marotzki, Winfried (2011): Leitfadeninterview. In: Ralf Bohnsack, Winfried Marotzki und Michael Meuser (Hg.): Hauptbegriffe qualitativer Sozialforschung. dritte durchgesehene Auflage. Opladen: Budrich (UTB Erziehungswissenschaft, Sozialwissenschaft, 8226), S. 114.

Mayring, Philipp (2010): Qualitative Inhaltsanalyse. Grundlagen und Techniken. 11., aktual., überarb. Aufl. Weinheim: Beltz (Beltz Pädagogik).

Mayring, Philipp (2016): Einführung in die qualitative Sozialforschung. Eine Anleitung zu qualitativem Denken. 6., überarbeitete Auflage. Weinheim, Basel: Beltz.

Mayring, Philipp; Gahleitner, Silke Brigitta (2010): Qualitative Inhaltsanalyse. In: Karin Bock und Mlethe Ingrid (Hg.): Handbuch qualitative Methoden in der Sozialen Arbeit. Opladen [u.a.]: Budrich, S. 295–304.

Meuser, Michael; Nagel, Ulrike: Experteninterviews - vielfach erprobt, wenig bedacht: ein Beitrag zur qualitativen Methodendiskussion. In: Garz (Hg.) 1995 – Qualitativ-empirische Sozialforschung, S. 441–471.

Meuser, Michael; Nagel, Ulrike (2011): Experteninterview. In: Ralf Bohnsack, Winfried Marotzki und Michael Meuser (Hg.): Hauptbegriffe qualitativer Sozialforschung. dritte durchgesehene Auflage. Opladen: Budrich (UTB EW, SW, 8226), S. 57–58.

Müller, Heidi; Willmann, Hildegard; Schut, Henk (2016): Trauer: Forschung und Praxis verbinden. Zusammenhänge verstehen und nutzen. Göttingen, Bristol, CT, U.S.A.: Vandenhoeck & Ruprecht (Psychologie).

Przyborski, Aglaja; Wohlrab-Sahr, Monika (2010): Qualitative Sozialforschung. Ein Arbeitsbuch. 3., korr. Aufl. München: Oldenbourg (Lehr- und Handbücher der Soziologie).

Stroebe, M.; Schut, H. (2016): Overload. A Missing Link in the Dual Process Model? In: OMEGA - Journal of Death and Dying 74 (1), S. 96–109.

Wagner, Birgit (2016): Wann ist Trauer eine psychische Erkrankung? Trauer als diagnostisches Kriterium in der ICD-11 und im DSM-5. In: Psychotherapeutenjournal (3), S. 250–255. Online verfügbar unter https://www.researchgate.net/profile/Birgit_Wagner/publication/30943 6480_Wann_ist_Trauer_eine_psychische_Erkrankung/links/5810dce3 08aea04bbcbd46a8.pdf?origin=publication_list, zuletzt geprüft am 09.06.17.

Wissert, Michael (2013): „Wirkungen von Trauerbegleitung im Rahmen der emotionalen und sozialen Bewältigung von tiefgehenden und komplizierten Trauerprozessen [TrauErLeben]". Ergebnisse des Forschungsprojekts aus der Befragung von Trauernden und Trauerbegleiterinnen sowie von Mitarbeitern in der stationären Pflege alter Menschen. Unter Mitarbeit von David Pfister. Hochschule Ravensburg-Weingarten. Weingarten. Online verfügbar unter http://www.projekt-trauerleben.de/Wirkungen_der_Trauerbegleitung.pdf, zuletzt geprüft am 09.06.2017.

Wittkowski, Joachim (2013): Forschung zu Sterben, Tod und Trauern. Die internationale Perspektive. In: Psychologische Rundschau 64 (3), S. 131–141.

Worden, James William (2011): Beratung und Therapie in Trauerfällen. Ein Handbuch. 4., überarb. und erw. Aufl. Bern: Huber (Klinische Praxis).

Zsok, Otto (2013): Logotherapeutische Trauerarbeit. In: Psychotherapie im Alter 10 (4), S. 491–503.

8 Abbildungsverzeichnis

Abbildung 1 Prozentuale Verteilung von Trauernden mit und ohne
Trauerbegleitung 99

Abbildung 2 Verteilung von Trauernden mit und ohne Trauerbegleitung
nach Art der Todesumstände 100

Abbildung 3 Institutionelle Anbindung der Begleiter (Wissert 2013,
S. 14) 100

Abbildung 4 Schema des Dualen Prozessmodells (DPM) (Müller et al
2016, S. 51) 104

Abbildung 5 Grief complications and the missing link in the DPM:
Additional effects of overload 105

Abbildung 6 Allgemeines inhaltsanalytisches Ablaufmodell (Mayring
2010, S.60) 135

Abbildung 7 Inhaltsanalytisches Kommunikationsmodell (Mayring 2010,
S.57) 136

Abbildung 8 Ablaufmodell zusammenfassender Inhaltsanalyse (Mayring
2010, S.68) 138

9   Anhang

Leitfaden für das Experteninterview

Einleitung:
Erklärung zum Thema der Studie und der Auswahl des Interviewpartners

Offene Eingangsfrage:
Ich interessiere mich für die Möglichkeiten und Grenzen der Logotherapie und Existenzanalyse nach Viktor Emil Frankl in der professionellen Trauerbegleitung. Ich bitte Sie mir auf der Grundlage Ihres theoretischen Wissens und Ihrer praktischen Erfahrungen in der Trauerbegleitung und der Ausbildung von Trauerbegleiter*innen Ihre Einschätzungen zu Möglichkeiten und Grenzen der Logotherapie und Existenzanalyse nach Viktor Emil Frankl in der professionellen Trauerbegleitung darzustellen.

Weitere Themengebiete,
die ich nachfragen würde, wenn sie bei der Beantwortung der offenen Eingangsfrage nicht oder nicht ausreichend vom Experten angesprochen werden:

- Sinnverständnis Frankls
- Individuelles Sinnverständnis – Bewusstwerdung des individuellen Sinnhorizontes
- Selbsttranszendenz der menschlichen Existenz
- Trauer als Leidenserfahrung
- Sinn entdecken durch die Haltung, die wir unabänderlichem Leid gegenüber einnehmen
- Zugang zu Sinnhorizonten als Ergebnis individueller Sozialisation?
- Verstellung / Leugnung / Hoffnungslosigkeit in Bezug auf individuellen Sinnhorizont
- Grenzen des logotherapeutischen Konzeptes in der Trauerbegleitung

Konkrete Frageformulierungen:

- Was verstehen Sie unter professioneller Trauerbegleitung und wer ist Zielgruppe der professionellen Trauerbegleitung nach Ihrem Verständnis?
- Wie erleben Sie das Konzept der Logotherapie in der Trauerbegleitung? Ist es eher Grundhaltung oder Therapieansatz?
- Was ist für Sie das Besondere am Konzept der Logotherapie, weshalb Sie sich diesem Konzept zugewandt haben?
- Worin besteht die Selbsttranszendenz der menschlichen Existenz nach Frankl in Ihrem Verständnis? Was bedeutet dieser Gedanke für professionelle Trauerbegleitung?
- Was denken Sie, wie Frankl „Tod" definieren würde?
- Tod als Leidenserfahrung – für Frankl besteht in der Haltung, die wir unabänderlichem Leid gegenüber einnehmen, eine Art den individuellen Sinn meines Lebens zu entdecken. Würden Sie sagen, dass Frankl in Tod / Trauer ein solches unabänderliches Leid gesehen hat? Wie begründen Sie ihr Verständnis?
- Frankl spricht davon, dass das einzig wirklich Vergängliche stets nur die Möglichkeiten sind. Gelebtes Leben wird gleichsam einer Ernte in der Scheune der Erinnerung verwahrt und ist dort für immer aufgehoben und damit unauslöschlich. Diese Dimension von Sinnhaftigkeit kann ich teilen. Schwierig wird diese Denkweise für mich, wenn junges, zu kurzes, ungelebtes Leben betrauert wird. Stößt das Konzept der Logotherapie hier oder auch an anderen Stellen an grundsätzliche Grenzen oder sind diese Grenzen immer nur individuell erlebte Grenzen, die auch individuell erweiterbar sind?
- Frankl spricht davon, dass nichts dagegen spricht den therapeutischen Effekt eines religiösen Glaubens zu nutzen, wenn der Patient hier fest verwurzelt ist. Impliziert dieser Gedanke, dass die Ausrichtung auf einen Sinnhorizont vor dem Hintergrund eines religiösen Glaubens einfacher möglich ist? Welche Erfahrungen haben Sie diesbezüglich beobachten können?
- Wenn Frankl den möglichen Sinnhorizont für menschliches Leid in einer Dimension vermutet, die jenseits der Welt des Menschen liegt,

kann man die Logotherapie dann als religiöses oder transzendentes Konzept verstehen?

- Liegt in dieser Sichtweise ein eher tröstlicher Gedanke, als Geborgensein in einem großen Sinnzusammenhang oder eher Hilflosigkeit in Anbetracht der eigenen gedanklichen Beschränktheit?
- Wie kann Logotherapie aus diesem/n Blickwinkel/n in der professionellen Trauerbegleitung eingesetzt werden?
- Haben Sie schon Grenzen des Einsatzes der Logotherapie in der professionellen Trauerbegleitung erlebt? Was waren die Gründe dafür?